大灣區制度創新

雙總部
銜接雙循環

肖耿　著

商務印書館

責任編輯：韓心雨
裝幀設計：涂　慧
排　　版：肖　霞
責任校對：趙會明
印　　務：龍寶祺

大灣區制度創新 —— 雙總部銜接雙循環

作　　者：肖　耿

出　　版：商務印書館 (香港) 有限公司
　　　　　香港筲箕灣耀興道 3 號東滙廣場 8 樓
　　　　　http://www.commercialpress.com.hk

發　　行：香港聯合書刊物流有限公司
　　　　　香港新界荃灣德士古道 220-248 號荃灣工業中心 16 樓

印　　刷：中華商務彩色印刷有限公司
　　　　　香港新界大埔汀麗路 36 號中華商務印刷大廈

版　　次：2024 年 5 月第 1 版第 2 次印刷
　　　　　© 2024 商務印書館 (香港) 有限公司
　　　　　ISBN 978 962 07 6727 2
　　　　　Printed in Hong Kong

第一章

雙循環銜接帶的使命與挑戰

粵港澳大灣區的使命

2019 年春節後，中共中央、國務院公佈了首份《粵港澳大灣區發展規劃綱要》（以下簡稱《規劃綱要》），提出了粵港澳大灣區近期（到 2022 年）及遠期（到 2035 年）發展目標。這是粵港澳大灣區在中國新的發展階段上的新起點，更是進一步深化改革、推進創新開放合作新局面的重要里程碑。

《規劃綱要》把過去粵港澳大灣區 11 個城市（香港、澳門、廣州、深圳、佛山、惠州、珠海、東莞、中山、江門、肇慶）中每一個城市自然形成的比較優勢在原有的基礎上進行提升，並鼓勵不同城市之間優勢及資源進一步互補，因此，《規劃綱要》的一個重點是，如何讓粵港澳大灣區內的公共基礎設施互聯互通，要素如何在各個城市更加順暢地流通。粵港澳大灣區已經是中國最市場化、最開放、最國際化的城市羣，一旦基礎設施的互聯互通更加順暢，粵港澳大灣區內的各個城市之間會形成新的聚合效應。城市之間不僅有互補，也有競爭，雖然競爭的結果無法預測，但毫無疑問的是，這種競爭會提升粵港澳大灣區整體的效率、競爭力和活力，並形成一個世界少有的開放、自由、法治的營商、生活及文化交流的統一市場生態環境，對中國及世界未來的和平、繁榮及可持續發展具有非常重要的意義。

《規劃綱要》給粵港澳大灣區的戰略定位之一是「充滿活力的世界級城市羣」。這個定位是根據國家發展戰略和粵港澳大灣區的

特點來確定的。在過去的 40 年中，中國發展遭遇兩個瓶頸：一個是創新，另一個是國際金融的發展，特別是跨境金融交易。這兩個瓶頸需要一個有活力的城市羣來應對、試驗及突破。

在《規劃綱要》全文中，「創新」一詞出現了 102 次，可見國家對粵港澳大灣區在創新方面的期待。創新是需要市場化的，因為創新本質上是不確定的。我們在技術上能不能突破、甚麼時候突破、突破到甚麼程度，都是未知數，沒有辦法通過計劃進行準備和預測，創新更多地要依靠極具活力的民營企業，而粵港澳大灣區是中國民營化程度最高的城市羣。更重要的是，香港是全球最有活力、最市場化、最開放，法治建設也最完備的世界一流城市之一。

創新還有一個非常重要的特點，就是風險非常大，因而創新要充分利用資本市場，特別是股票市場，因為股票市場在所有金融工具中是最能夠吸收創新風險的；通過資本市場，創新風險將在全國甚至全球範圍內被分散和吸收，這才能使得中國未來的創新有後勁、有衝勁。

創新還需要國際金融市場的支持。因為創新不僅僅包括與國內經濟有關的創新，還包括在世界範圍內高質量的、最前沿的創新，從這個層面看，國際金融就變得非常重要，與國際金融發展相關的是開放的離岸經濟體，而粵港澳大灣區有條件在這方面有所突破。

《規劃綱要》在金融開放方面提出很多發展思路，特別是針對人民幣國際化。在這些與國際金融相關的領域，香港具有獨特的優勢 —— 港幣與美元是掛鈎的，香港亦被定位為人民幣離岸中心。有了美元和人民幣兩種貨幣，未來香港在國際金融方面就變得非常重要，因為世界上最重要的三種貨幣就是美元、歐元和人民幣，當

然，英鎊和日元也很重要，它們是五個在國際貨幣基金組織 SDR（特別提款權）中的另外兩個國際儲備貨幣。目前來看，與美元、歐元相比，人民幣國際化還有很長的路要走。未來，如果粵港澳大灣區可以整合成中國的離岸經濟圈，人民幣國際化可能會有相當大的突破。

粵港澳大灣區作為一個國家發展戰略，也許可以為中國真正融入全球經濟找到一個很好的突破口。過去 40 年改革開放歷程中，中國作出了兩個非常關鍵的決策：一是 40 年前創辦深圳經濟特區，二是 18 年前加入世界貿易組織。這兩個決策推動中國用 40 年時間走完了西方社會上百年的發展歷程。但是最近，西方社會對中國的態度發生了變化，原因之一是現在的中國經濟規模已經大到我們進入市場不僅會改變價格，也會影響遊戲規則。按照國際貨幣基金組織 2014 年的估算，中國的經濟體量按購買力平價計算已經超過了美國，因此從國家安全的角度，美國強硬的鷹派聲音越來越大，對中國的未來發展形成巨大的壓力；同時，全世界對中國在未來的國際秩序方面應該承擔的責任與義務也有了更新、更高的要求；此外，在國內，中國老百姓對幸福生活的追求也對中國未來的發展提出了更高的要求，這使得我們目前面臨巨大的內外壓力。

在這種新形勢下，粵港澳大灣區成了中國未來發展寶貴的突破口，因為有香港。香港是一個完全按照西方現代經濟制度發展起來的城市，這體現在它的法律制度、開放傳統、簡單及超低的稅收體制、小政府等方面，海外投資者非常適應香港的國際化環境，他們也希望中國的未來會像香港一樣。不過確實，過去 40 年的發展中，深圳、廣州等周邊城市不斷地向香港學習，也越來越像香港，粵港澳大灣區的城市在生活方式、企業的經營模式等方面都越來越國際

化，都在向香港學習。

由此，一方面，粵港澳大灣區將承擔一個重要責任，就是探索與國際接軌的中國城市未來發展模式，特別是在市場化、法治建設、開放程度及創新能力等關鍵領域。這是西方國家和國際社會非常關注的領域，而中國也需要利用粵港澳大灣區的優勢在融入全球經濟與國際城市發展接軌方面先行先試。另一方面，粵港澳大灣區最重要的協調發展路徑也許就是讓周邊的城市複製香港的經濟制度，使得中國有一個 10 倍於香港的、富有活力與競爭力的離岸經濟體來對世界作貢獻，先行先試，為中國的改革開放闖出一條新路。

粵港澳大灣區最有可能在目前這個關鍵時刻為中國未來 30 年的發展給出一個明確的方向，因為除了香港因素之外，另一個非常重要的因素是金融科技。

在中國改革開放的過程中，最具挑戰的領域之一是金融監管。當顛覆性的金融科技出現後，金融監管就可能不需要物理邊界，因為金融業基本上完成了數字化的過程。比如，內地的老百姓和企業家到香港，人到了香港，錢不一定可以去香港；人不在香港，錢如果符合監管要求，也可以去香港。現代的資金跨境流動是由數字化的金融監管來決定的，而與物理海關關係不大，當數字技術成熟到一定程度後，就可能創建一個「電子圍欄」，用無形的電子邊界來實現更快、更徹底、更高質量、系統性風險更低的金融開放。我國目前的漸進式金融開放進步巨大，但與國內外的期望相比，差距還很大，而短期內完全的金融對外開放並不現實，因此，可以考慮在儘可能短的時間內，至少在粵港澳大灣區，利用數字金融科技，儘快在一個規模足夠大、範圍足夠廣的經濟、金融制度生態體系內，儘可能試點全方位開放。

建立這個開放生態體系的主要挑戰是制度，當年中國創辦深圳經濟特區，以及加入世界貿易組織，根本上來講都是制度改革。在未來粵港澳大灣區內，也需要一個更大膽、更徹底、更系統的制度性開放。金融系統是一個生態系統，它不可能碎片化發展，要建立一個與全球市場接軌的開放的金融體系，就必須讓整個金融生態環境具備開放的制度基礎，因為錢的流動性很強，會在碎片化的系統中尋找漏洞，從而導致系統性風險和危機。

那麼，在金融開放的過程中，我們現在需要做甚麼呢？在剛剛公佈的《規劃綱要》中提到，推進珠海橫琴作為粵港澳深度合作示範區。橫琴的一個試點思路叫做「一線放開，二線管住」，就是用電子圍欄的方式管住「二線」，如果不能管住「二線」，監管當局就無法徹底開放「一線」。數字金融科技使得我們有可能在未來很短時間內建立及管住無形的、非物理的「二線」，這個「二線」就是按照數字金融的規則，以法律及各種監管規則來合理界定資金跨境流動的自由度。這個「二線」使得中國實際上可以將香港離岸金融市場和離岸經濟擴大 10 倍以上。

粵港澳大灣區儘管面積只佔全國的 1.5%，人口卻達到 7000 萬，是香港的 10 倍，佔全國的 5%，GDP 更佔全國的 12%。中國的對外開放，包括未來「一帶一路」的發展，中美關係的改善等，都需要這樣一個世界級的開放經濟特區來先行先試，儘早融入世界發達經濟體，也儘早讓全世界看到未來的中國是甚麼樣的，未來中國的開放會到甚麼樣的程度。

粵港澳大灣區是中國最年輕、最有前途、最開放、最有競爭力的經濟體。如果把粵港澳大灣區、海南自由港、中國 12 個自貿實驗區融合在一起，從而形成一個完整的、開放的離岸經濟金融生

態體系，這可能是中國未來全方位現代化的一個突破口。這看起來不可思議，但也許應該去試試，因為 40 年前我們在創辦深圳特區的時候，也沒有人會想到它會創造出今天中國的改革開放奇跡。

（原載《中國金融》2019 年第 5 期）

粵港澳大灣區改革開放的升級與挑戰

我今天跟大家分享的主題是在新形勢之下，粵港澳大灣區改革開放如何升級，以及面臨的一些挑戰。

大家都非常關注目前中央關於將深圳建設成中國特色社會主義先行示範區的政策，我想大家一定也非常關注最近香港的一些情況。我本人於 1992 年來到香港，對香港的情況非常熟悉，但是最近，大概一年多前我作了來深圳的決定。

對於今天聚集在這裏做融資租賃的朋友來講，目前的機會是非常好的，但是也有風險，正所謂風險與機遇並存，其中最大的風險和機會是政策變化，包括地緣政治的衝擊，都會影響我們國家未來的發展路徑。眾所周知，深圳的先行示範區是國家發展戰略，國家發展戰略為甚麼重要呢？因為我們國家實際上面臨着三個挑戰：一是關於一國兩制，二是關於中美關係，三是整個國際秩序的變化。

國際秩序正在發生非常大的變化，中國已是最大的經濟體（按購買力平價計算），人口眾多，資產遍佈全世界，供應鏈跟全球緊密相連，任何國際秩序的調整與變化，對我國的影響，對我們每個家庭與企業的影響，都非常大。在中美關係方面，美國擔心我們學習能力太強，很快將迎頭趕上，現在希望在供應鏈、金融、技術創新等方面與中國脫鈎。但顯然，我們是不能允許脫鈎的，一定需要繼續融入世界經濟、金融及技術的生態體系，才最有利於中國及全世界。在一國兩制方面，香港目前面臨一些挑戰，需要深圳及粵港

澳大灣區其他城市幫助香港克服一些經濟結構方面面臨的困難，如缺乏物理空間，市場的規模、深度及廣度也稍顯不足。這三方面的挑戰都是非常嚴峻的，但其中的機會也特別多。

因為時間關係，我用最簡單的方式告訴大家，為甚麼粵港澳大灣區對國家發展戰略的實施非常重要。我剛才講的三個國家層面的挑戰，都要求我們粵港澳大灣區，特別是深圳，承擔更重要的歷史使命，這個歷史使命是甚麼呢？就是粵港澳大灣區一定要成為全世界最開放、最市場化的經濟體。為甚麼呢？因為實際上中國需要一個可以深度融入世界的離岸經濟體，說得更直白一點，要把深圳，乃至粵港澳大灣區建設成像香港一樣的全世界最開放、最市場化、最有競爭力的，但具有中國特色社會主義的經濟體。為甚麼現在這個使命變得更重要呢？因為我們一國兩制在香港遇到了一些挑戰，這個挑戰要求我們在深圳，乃至整個粵港澳大灣區更迅速地學習、複製香港所有在經濟金融方面優秀的功能。這樣，中國的跨境及離岸經濟金融才不會被地緣政治及外部勢力綁架，才有足夠能力應對各種突發的事件的騷擾。香港國際金融中心的地位對我國而言一直非常重要，我們 60% 以上的跨境投資都要經由香港完成。

最近華為受到美國壓力，而華為對此早有準備，花了十幾年時間準備「備胎」，中國的國際金融實際上也面臨着同樣的挑戰。融資租賃行業是最典型的一個案例，融資租賃通常有兩種情況，一種情況是我們要買美國、歐洲的飛機，很多航空公司買不起，那就需要租賃，這個業務一定是跨境業務。同樣，我國有很多衛星，如果將這些衛星的功能租給「一帶一路」沿線國家的企業，這也是一個跨境業務。還有很多小的業務，比如在美國，許多老百姓買不起車，但可以通過融資租賃的方式實現「用車」。

所以，融資租賃這個行業潛力是非常巨大的，但其中一個非常重要的環節是它需要有一個方便跨境交易的制度生態環境，這個生態環境就是我們講的離岸經濟的制度生態環境。離岸經濟為甚麼重要呢？就目前的情況而言，我國在岸經濟體量太大，受傳統體制影響太深，僵化制度成本太高，不太容易徹底融入世界經濟、金融及科技體系。真正的離岸經濟需要像新加坡、香港一樣，才能真正融入全球供應鏈、全球金融體系及全球科技創新體系當中去。美國希望跟我國脫鈎，但如果我們有完全開放、高度市場化的離岸經濟體，脫鈎就不容易實現。作為一個這如此巨大的經濟體，中國需要有一部分完全徹底地融入全球經濟金融體系當中去，這對增強國際競爭力是極其重要的。

　　另外，所有「一帶一路」的業務都是離岸業務，如果真正要做好「一帶一路」未來在投融資各方面的工作，我們必須自己要有一個離岸的經濟金融生態體系，並通過實踐解決所有離岸業務當中遇到的問題，才能夠確保未來「一帶一路」及人類命運共同體的設想能夠順利地執行。還有，從解決香港的問題來講，粵港澳大灣區，尤其是深圳也是非常重要的，因為香港遇到最大的挑戰是它的物理空間、市場空間都不夠。此外，它的壟斷勢力影響也過於強大，壟斷了中國的開放，也包括房地產的壟斷。

　　解決上述問題需要粵港澳大灣區迅速加強與香港基礎設施的互聯互通。我如今在深圳工作，住在福田，但是我同時也在香港擁有居所。現在，從福田到西九龍搭高鐵十多分鐘就到了，如果香港的高鐵能夠直通粵港澳大灣區九個城市，這對香港老百姓未來的幸福生活，特別是解決住房問題，是極其重要的，特別是廣東西部幾乎都還沒有開發，一旦高鐵能夠直通，香港與粵港澳大灣區其他城

市間的每日通勤就成為可能。

我希望強調的是，粵港澳大灣區，尤其是深圳肩負着非常重要的使命，也就是確保一國兩制成功，確保中美不脫鈎，確保我們跟世界經濟不脫鈎，確保「一帶一路」在未來可以做得更好，這些都是非常重要和艱巨的歷史責任。

最後，講講為甚麼在粵港澳大灣區發展離岸經濟、金融及科技創新生態體系是有可能的。其中一個非常重要的因素就是金融科技，包括數字金融監管技術，因為現在整個金融都已經逐步數字化，未來如果我們發行數字貨幣，將可以不需要物理邊界就建立起一個離岸金融體系，並通過電子圍欄的方式來確保離岸經濟跟在岸經濟是有一個分割的。這一分割十分重要，因為只有適當的分割，我們的離岸經濟才可以徹底融入全球的金融體系、全球的供應鏈體系，而同時又不對在岸經濟構成系統性風險。如果能夠建立一個離岸經濟金融生態體系，採取低關稅、低稅率、高度開放、高度市場化的體制，就可以讓全世界親眼看看中國是怎樣踐行改革開放的。這樣的先行示範，不僅非常重要，也是有可能的。

在離岸經濟裏，可以採用國際通行的超主權儲備貨幣，比如國際貨幣基金組織（IMF）的一籃子貨幣，即 SDR 貨幣。那時候，在離岸經濟裏面的企業，資產負債將是全球定價、全球開放交易，而且是完全按國際慣例。到那個時候，我們離岸的淨資產就可以擔當我們的外匯儲備的角色。從維護國家經濟金融安全的角度看，可靠的離岸金融中心對中國未來發展是極其重要的，所以我非常高興能和深圳的朋友一起非常努力地去實踐。

（根據 2019 年「第四屆中國融資租賃創新
與發展高峯論壇」的發言整理）

全球金融形勢與粵港澳大灣區發展機遇

2021 年全球經濟和金融的機遇和挑戰

全球經濟現在最大的機遇，就是中國在過去兩年經受住了中美貿易戰、香港的動亂及新冠疫情的考驗。同樣，美國也經歷了疫情、特朗普政府各種極端政策的折騰、總統大選的混亂及國內由於政治分裂導致的社會問題。拜登上任後，美國開始了其內部撥亂反正的過程，這對我們是非常重要的。美國還是全球最大的經濟體，如果美國的社會、經濟、金融情況持續惡化，對中國與全球經濟與金融是不利的，全球經濟是在同一條船上。

反觀今年最大的挑戰，最壞的情況過去了，但拜登政府提出了與中國激烈競爭的口號，有些地方甚至還想對抗，雖然其也明確提出在抗疫、氣候變化及國際地緣關係方面希望與中國合作。挑戰的核心是如何界定未來中美間既有合作，又有競爭甚至對抗的複雜的大國關係。中美關係回不到過去，但到底會形成甚麼樣的新關係？雙方將在未來幾個月試探底線及討價還價，這非常關鍵，需要確定在哪些領域會有不可避免的、持續激烈的競爭，而且這些競爭也需要在一個雙方都可以認可的框架內進行；哪些領域還會有一些對抗，但這些對抗是需要而且可以管控的；哪些領域實質上是可以進行合作的，如氣候變化、抗疫和地區與全球治理等問題。即將在阿拉斯加舉行的中美雙邊戰略對話反映的正是這個趨勢：中美正探索

新的、更複雜、更務實的合作與競爭並存的大國關係框架,而這是未來世界和平與繁榮的大前提與新常態。

這個前提與常態意味着甚麼?全球治理的大格局已經發生了根本變化,美國已經意識到可能不得不與中國平起平坐了,而不是完全由美國主導。過去,在美國主導的世界裏,地球村裏基本上只有一個村長,其他都是聽話的成員,但現在出現了很多有實力的成員,包括中國、歐洲、東盟、俄國和印度。他們不僅有發言權,而且對美國和中國這兩個大國成員都會提出更高的要求和限制。二戰後,美國對全球軍事、貨幣、金融及科技的壟斷與主導權開始發生變化,主要原因是,過去幾年,美國的國家信用在國際社會實際上受到了很大的傷害,要修復是需要一段時間的。而美國國內的政治混亂、社會不平等問題也不是一天兩天可以解決的。但美國也沒有徹底大亂,如果大亂的話,有些美國的政客就可能鋌而走險,那對我們是非常不利的。在過去,美國也曾經擔心過中國大亂,例如在亞洲及全球金融危機期間,如果中國經濟崩潰,那對美國及世界經濟都是非常不利的,這是理性的全球治理思維,也是需要重視與鼓勵的,特別是作為負責任的大國。我們其實已經在特朗普時期體驗過美國內亂的外部效應,不負責任的特朗普政府提出過很多沒有邏輯的損人不利己的政策,以及攻擊性特別強的手段,很幸運這種狀況在拜登上台後基本得到控制。

新形勢下全球經濟與金融風險結構的變化

許多人認為美國的貨幣政策,包括零利率、大量印鈔票來支持的財政擴張的政策,是不負責任的,這種觀點是對的。但辯證地

看，美國可以通過印鈔票穩定其經濟和社會，對美國與全球經濟短期也是一件好事，不至於導致上個世紀三十年代的大蕭條。重要的教訓是：在新的全球經濟金融格局下，所有的主權國家都會用自己的貨幣政策、財政政策及資本市場監管手段來維護各國自身的利益，這已經成為新常態，而且與之前美國主導的全球秩序是有根本不同的，因為美國不顧一切的自救給全球帶來了一個非常大的不確定性：在零利率的狀況下資產的價值從理論上而言是無法確定的，不僅美國的金融市場會不斷波動，全球市場也會受到波及。

全球貨幣政策和資本市場關聯性持續上升將帶來不穩定因素，主要是市場波動加劇。這種波動是美國當局認可的，美國就是希望通過超寬鬆的貨幣政策、財政政策在短期穩定經濟、穩定社會。如果美國的經濟和社會穩定了，失業率不是特別高，疫情也控制了，市場信心也恢復了，當局可以主動調高利率來控制可能的通脹，並容忍資產價格下跌。美國財政部部長耶倫有信心、有把握可以掌控利率，並容忍股票、債券與外匯市場的波動。美國的這個態度及自救的手段與美元作為主要國際儲備貨幣有關，沒有其他國家可以學，而且對亞洲有很大的影響（亞洲國家外匯儲備最多，而且其貨幣與美元聯繫最密切），我們需要有充分的思想準備，並接受資本市場波動將持續的這一現實。

金融市場應對通貨膨脹

關於通脹預期，要區分資產價格與消費品價格。消費者價格指數（CPI）應該是可控的，其中一個原因是中國一直對全球製造業產品價格有很大的影響力。中國的供給能力沒有受到破壞，某種意義

上還通過供給側改革加強了、升級了，對於控制全球的製造業產品價格上漲是有決定性作用的，疫情後中國成為世界上抗疫物資供給的大後方。疫情對各國消費的打擊主要是在服務業，而且疫情期間服務業的供給和需求基本上同步升降，對服務量及收入影響大，但對消費價格指數衝擊不會太大。

美國印的錢實在是太多了，為了維持短期的社會、政治、經濟的穩定不惜代價，但是這些錢最終會流向優質的資產，不管是優質的房地產，還是優質的股票，都是其追逐的對象。這種情況不光是在美國，全球優質資產都將被重估，中國也是一樣，我們要有準備，包括股票價值的重估。

過去 40 年，中國的房地產已經經歷了一個全面的、市場化的價值重估過程。全世界的房地產有一些共同規律。主要城市的房地產價格是與當地的勞動生產率、經濟效率匹配的。不管是紐約、倫敦、香港、新加坡，持續的高房價是一個市場不斷評估的結果，我們要認可這個經濟規律。在中國過去 40 年的市場化的價值評估過程中，中國城市房地產的價格出現了明顯的分化，高房價的城市，如北上廣深，其平均勞動生產率與收入也更高，也就是城市的效率與創造力也更高。這是大的背景，但在這個大背景下，各個城市以不同的方式去解決居民住房問題，包括比較成功的新加坡模式及不太成功的香港模式。「房住不炒」是正確的政策，主要是防止貧富差距擴大及不公平，但各地區房價的分化是符合經濟規律的，與當地的供需平衡及城市效率有關，這個客觀規律在亞洲城市被普遍驗證，我們從觀念上要接受，然後在尊重客觀市場規律的條件下提高住房供給的效率、質量與公平性。

在全球貨幣供給大增的情況下，中國沒有跟着發行很多貨幣

是好事，但是全球資本市場是相連的，中國的資產，包括房地產都會面臨一個重估的過程。據社科院李楊編輯的《中國國家資產負債表》的最新數據，中國過去幾年淨財富增加速度超過 GDP 增長很多，主要原因就是中國的市場化過程導致資產升值及匯率升值，這個趨勢符合經濟規律。需要注意的是，並不是所有的資產價值都上升了，而是根據市場的判斷，有些優質資產價值上漲，有些資產價值則下降了，包括房地產與股票。當我們觀察到大量資產價格下降時，我們就不能說是超發的貨幣導致房價股價上升。我們對市場規律要有清醒的認識，要允許符合市場規律的價值的重估，可以升，也可以降，如果不允許價格信號變化，會出問題。

總之，通脹並不會是消費者價格指數的暴漲，而主要是資產的重估，大的長期趨勢是人民幣資產會重估、上升，而海外的投資者現在確實在大量投資人民幣資產。這裏就帶來一個問題，當海外投資者投資人民幣資產的時候，中國老百姓大多數持有人民幣資產，也需要有一個渠道可以走出去購買海外資產，要不然我們的外匯儲備會增加太多，導致新的不平衡，以及很多地緣政治和貿易保護主義的問題。

中國應對全球金融及貨幣數字化浪潮

這一問題是一個新的全球性貨幣結構變化問題。怎麼理解？過去美元壟斷的金融體系現在已經開始面臨挑戰，相當一部分是來自於數字貨幣。壟斷並不是一個新問題，對資本市場來講，一個公司如果沒有一定的壟斷能力，是沒有市場價值的，因為很容易複製的產品在激烈競爭後，利潤會趨向零。科技創新其實就是在一段時間裏對新的技術進行專利保護的壟斷權利。企業家追求壟斷是一

個永久的現象，美國反壟斷已經持續了 100 多年，主要是針對不公平的壟斷。但反壟斷在新技術上很複雜，因為許多新經濟平台公司具有自然壟斷的趨勢（增加客戶的邊際成本幾乎為零）。從美國的股市可以看得很清楚，許多升值的股票都是具有壟斷特徵的科技公司，而美國政府也在對它們持續開展反壟斷調查。中國也是一樣，也遇到這個問題，因為一些最有價值的平台企業也有自然壟斷的性質。壟斷的出現是符合經濟規律的，但監管必須跟得上，防範不公平的惡性壟斷行為，保護消費者利益及市場秩序。

大家可能注意到，香港的資本市場非常火爆，2019 年的動亂和 2020 年的新冠疫情都沒有影響香港的 IPO 市場和香港交易所的股價不斷上升。因此，香港政府想通過增加股票的印花稅來補充一些香港財政。結果，消息公佈後，香港交易所股價大跌，損失的市值遠遠超過加稅可能帶來的財政收入。這裏面反映了甚麼問題？實際上也是壟斷的問題，香港歷史上有四家交易所，因為市場有限，為了避免相互惡性競爭，後來合併成一家上市公司。可是，到了今天，香港交易所服務的是整個中國的離岸市場，很多內地超大型的企業在那裏上市。實際上，香港交易所享受的就是對中國離岸股票市場的一個特權，特別是很多海外上市的中國公司都紛紛從海外市場退市回到香港來上市的時候。

在目前的制度限制下，深圳交易所只能做人民幣在岸股票業務，無法和香港交易所的港幣離岸股票業務直接競爭。但在未來，在新的全球格局下，粵港澳大灣區內的交易所如何可以有一定程度的競爭，怎麼樣能做到「你中有我，我中有你」，形成良性的競爭與市場融合，是非常重要的研究課題。

未來粵港澳大灣區的金融生態體系

深圳作為先行示範區和粵港澳大灣區內的重要城市，需要制度創新。我之前做過很多研究，也提過很多建議，其中有一條我認為很有必要，需要抓緊做的是，如何讓香港的比較成熟的離岸金融制度生態體系能夠延伸到粵港澳大灣區。這類似於「一國兩制」的創新，也就是允許香港的重要金融機構、重要企業可以按照香港的普通法、香港的監管、香港的貨幣在粵港澳大灣區部分試驗區有限度地運作，以便克服香港存在的行業保護及壟斷現象，並彌補香港物理空間、市場空間太小的短板。這裏面有大量的課題需要深入研究，特別是香港和深圳怎麼融合，來構建粵港澳大灣區統一大市場。

作為「雙循環」的關鍵銜接點，如何充分發揮香港在市場經濟開放方面的優勢，同時又可以利用粵港澳大灣區在市場規模、豐富的生產要素資源和地方政府集中力量辦大事的優勢是關鍵所在。深圳和香港需要競爭，但兩者是在同一個金融中心羣，而這個世界級的國際金融中心羣其實有兩個不同的功能：一個是離岸金融的功能，另一個是在岸金融的功能。這兩個功能都需要有統一的（相互聯通的）市場來提高資金、人才及土地的利用效率。但離岸與在岸又必須是隔離的，以免兩地的融合對各自的金融體系帶來衝擊及系統性風險。在目前的金融監管技術下，我認為這是可能的 —— 道理與手機的不同操作系統類似，同一個客戶可以同時用蘋果及小米兩個手機。

（根據 2021 年「第 29 期全球金融中心指數發佈會
暨全球金融形勢分析與展望研討會」的發言整理）

香港在粵港澳大灣區建設中面臨的機遇與挑戰

粵港澳大灣區的特殊性和重要性

粵港澳大灣區包括廣州、佛山、肇慶、深圳、東莞、惠州、珠海、中山、江門九個廣東省的城市和香港、澳門兩個特別行政區。粵港澳大灣區經濟總量已達 1.4 萬億美元，相當於香港的四倍多；人口近 7000 萬，相當於香港的六倍多。粵港澳大灣區城市羣建設已納入國家發展戰略，具有一個國家、兩種制度、三個關稅區及多個極具特色且互補的核心城市，包括全球領先的貿易金融與服務樞紐城市香港、中國領先的創新技術城市深圳、中國超級消費與貿易城市廣州、全球製造業供應鏈基地城市佛山與東莞及全球領先的博彩娛樂城市澳門。粵港澳大灣區已經是繼紐約、舊金山、東京三大灣區之後的世界第四大灣區，有潛力成為最有競爭力的世界級城市羣，有希望在未來同時具備紐約金融中心、舊金山創新中心及東京製造業中心三個功能的世界級超級大灣區。

10 月 23 日，國家主席習近平出席了港珠澳大橋開通儀式，而粵港澳大灣區規劃也即將正式公佈。粵港澳大灣區建設將是中國現代化過程中的一個重要里程碑，對在一國兩制大框架下粵港澳大灣區的兩個特區及九個內地城市如何去除各自瓶頸、挖掘各自優勢潛力、引領粵港澳大灣區、中國乃至世界經濟金融未來發展具有重要及深遠的意義。

香港的優勢

內地最想要的東西香港都有，包括廉政、銀行、資本市場、教育、人才等等。反過來，內地城市也有香港最想要的東西，比如土地、市場等。因此，香港最大的優勢就是與內地城市高度互補。

香港擁有導致西方市場經濟體制成功需要的所有好的基因，內地最缺也是最想要的市場經濟基本要素都可以在香港找到，例如廉政公署（具有全球反腐最成熟最成功機制）、股票市場（香港交易所近年 IPO 集資額超過全美，也超過內地上海與深圳交易所之和）、銀行（以香港為基地的滙豐銀行是全球最穩最可信賴銀行）、法律與會計服務（香港的普通法及仲裁機制得到國際社會尊重及信賴）、貨幣（港幣與美元掛鈎，但更重要的是香港特區政府實質上既無內債又無外債，更無財政赤字，其財政儲備超過財政預算兩年半，接近香港 GDP 一半，導致香港特區政府財務信用極好）、全球商業及文化網絡（香港與歐洲、美國、亞洲及中國內地都有根深蒂固的商業與文化聯繫）。

因此，中國歷來的領導人都視香港為寶貴的中國經濟發展所需「軟件」的供給源之一。這些軟件要素包括獨立的司法、強力反腐機制、穩定的貨幣、世界級的資本市場、高質量及國際化的教育體系及高效成熟的城市管理機制。香港的「軟件」是對中國迅速增長的「硬件」的極好補充。例如，滬港通、深港通、債券通等股市債市連通機制成功地將香港世界超級聯絡人的角色發揮出來，不僅可以支持中國城市集羣的發展，也會促進「一帶一路」發展所需要的離岸融資功能。

香港面臨的瓶頸與挑戰

香港的主要發展瓶頸是其地理空間及本地市場規模的限制，而這些限制香港自身難以破解。香港大學的畢業生目前的收入比 25 年前還稍低，可香港的房價 25 年間已經翻了三到四倍。香港大學的助教有的不得不住在深圳，因為他們兩萬港幣的工資難以承擔高得離譜的房租。就連香港大學的教授如果僅憑其工資，終身也買不起一套 150 平米的公寓。香港的成功導致了它的房價上漲，將香港一步一步推向了紐約「曼哈頓島」發展模式。紐約「曼哈頓島」背後有整個紐約灣區廣大的地理空間支持，但香港到目前為止還無法有效利用粵港澳大灣區廣闊的地理空間為其居民及企業提供生活及運營支持。

正是由於整個紐約灣區的支持，「曼哈頓島」內的高房價才不會成為「曼哈頓島」及紐約灣區發展成世界頂級灣區的瓶頸。「曼哈頓島」內哥倫比亞大學的畢業生如果在曼哈頓找不到高工資的工作，他們可以選擇去一、二小時通勤距離之外的地方生活及工作，並維持一個「性價比」較高的小康生活水平。而曼哈頓擁有高收入的世界頂尖專業人士也可以在紐約大灣區內的郊區住大房子享受幸福穩定的家庭生活。這正是世界頂級灣區可以吸引並同時留住頂尖人才和一般工薪階層的原因，也是香港及粵港澳大灣區發展必須破解的一個關鍵瓶頸。

香港世界級的服務業因為基礎設施局限及地理空間限制而處於潛在產能發掘不夠，而需求不斷上升的狀態。如果能有更好的跨境交通基礎設施和更靈活的醫療、金融和社會服務供給機制，香港退休居民及年輕的就業羣體就可以突破香港的城市邊界，在粵港澳

大灣區更為廣闊的空間選擇更好更多樣的生活及工作環境。

香港的機會

展望未來，粵港澳大灣區面臨的挑戰將有數量級的攀升，因為未來中國不僅需要微信、淘寶、高鐵、航母、無人機，還需要青山綠水、幸福生活、高質量芯片及醫療、穩定公平的多邊貿易投資金融體系、和平的地緣政治環境等更富挑戰的追求。習近平主席提出的「一帶一路互聯互通及人類命運共同體」的倡議與設想本質上不僅需要發展經濟硬實力，還需要培育經濟金融軟實力，並通過軟實力去正確地理解其他國家和地區的制度、文化及利益訴求，並以多贏的方式完善現有國際貿易、投資、金融及安全秩序。

對於粵港澳大灣區的內地城市來說，主要的瓶頸是產業升級與技術創新所需要的國際人才、國際資本、國際技術、國際企業及國際通行的制度與機制。創新的風險極高，99% 的創新面臨失敗，正因為風險高，回報必須相匹配。而應對風險的唯一選擇是合理地去分散並分擔風險，這正是金融市場的作用，也是香港國際金融中心的優勢。香港過去的成就表明，它的資本市場可以從全球以低成本高速度的融資來創造像騰訊這樣最有發展潛力的上市公司。香港也吸引了全球高收入高淨值專業人士作為工作及生活的首選地，因為它的教育、醫療、社區服務、治安、產權保護、法治等城市生活環境是世界一流。可以說，香港國際化的窗口，帶動了廣東發展出今天這樣具有國際競爭力及創新能力的企業與城市。

粵港澳大灣區作為中國乃至世界最有創新活力、最市場化、最國際化、最開放、最多元化的一個區域，理所當然地肩負未來中

國走向國際舞台的一個重要實驗室與支點。通過這個實驗室與支點，中國在過去 40 年實現了融入全球供應鏈（外貿、外商投資及製造業）、融入全球資本市場（紅籌股、H 股、滬港通、深港通、債券通）、融入全球法治體系（仲裁、會計、審計、金融監管）。

在未來，中國還需要香港特區以及整個粵港澳大灣區發揮重要的實驗室與支點作用，在兩個重要的領域為全球經濟、一帶一路、人類命運共同體作出突出貢獻：一個是國際貨幣金融體系，另一個是國際科技創新體系，而這兩個體系的改革都需要持續、深入、系統、開放、有競爭力的並從國家利益及全球經濟與金融秩序的角度展開的試點與試錯。

在國際貨幣金融體系建設方面，一個重要的課題是如何將目前與美元掛鈎的港幣逐漸轉變成與國際貨幣基金組織創立的一籃子貨幣（即 SDR，Special Drawing Rights，特別提款權）掛鈎，從而促使港幣成為實際上的超主權國際貨幣，為未來大宗商品交易、一帶一路離岸融資、數字貨幣創新打下基礎。當未來世界經濟中心東移到亞洲時，全球金融中心也有可能移到亞洲，國際貨幣金融的監管及標準制定也必須相應配合。

在科技創新方面，未來最艱巨的國際競爭可能會在大數據及金融科技領域。而香港作為全球最開放並同時是與西方及中國享有密切聯繫的獨一無二城市，具有無限創新、搭橋轉換及制定規則與標準的潛力。可惜的是，香港的規模、政治、地產與社會問題瓶頸有可能嚴重約束其面對未來的引領創新能力。因此，有必要通過粵港澳大灣區的協調發展來突破香港地理空間限制及內地城市的制度瓶頸。如果粵港澳大灣區其他內地城市可以對標香港進行制度改革與創新，而香港又可以利用粵港澳大灣區的廣闊地理及市場空間，粵

港澳大灣區就有可能成為一個高質量的中國與世界共享的超級經濟特區。

在粵港澳大灣區內部，除了協調各類軟硬公共基礎設施的建設，也有必要引入適當的區域間競爭機制來激發創造力。如果香港最有優勢去做的事，因為其瓶頸制約，它不去做或做不成，怎麼辦？為了國家利益及人類命運共同體的利益，內地城市也應該創造條件去做。在科技創新方面，深圳就是這樣超過香港的，如大疆無人機雖然科技創新在香港，但企業的崛起是在深圳。

粵港澳大灣區未來發展的真正挑戰在如何降低制度的交易成本及市場競爭壁壘。中國經濟在過去 40 年成功發展最重要的推力就是競爭，城市與城市競爭，企業與企業競爭，人與人競爭。競爭讓一部分人的利益受到損害，另一部分人卻從中獲利，也造成了很多社會問題，但競爭是市場經濟成功的關鍵。建設粵港澳大灣區就要是把整個灣區中最具優勢的要素通過市場化的價值鏈整合起來。如果能夠把粵港澳大灣區中最具優勢的資源整合在一起，毫無疑問這個灣區將是全世界最有競爭力的。

但問題就在於，把這些優勢資源整合並不容易，因為這當中有很多體制障礙。如果無法克服瓶頸和控制潛在體制風險，就無法發揮各個城市、各個企業、每個個人具有的比較優勢。所以，到最後微觀層面的瓶頸和潛在體制風險決定了粵港澳大灣區的整體競爭力。而克服體制障礙最有效的改革就是設立經濟特區。深圳特區的試驗導致中國的體制在過去 40 年迅速地從封閉的計劃經濟轉向了開放的市場經濟。粵港澳大灣區這個超級全球經濟特區的試點可以幫助中國與世界建立一個可以被廣泛接受的國際貿易、投資、金融及貨幣秩序。

我們要從歷史背景和全球經濟發展的角度，思考粵港澳大灣區建設的最終目的是甚麼。李克強總理在政府工作報告中說「發揮港澳獨特優勢，提升在國家經濟發展和對外開放中的地位與功能」。香港可以在哪些方面對國家發展戰略作出貢獻？我認為主要是兩個：國際金融中心和「一帶一路」國際發展實踐。

港交所已經收購了倫敦商品貿易交易所，如果香港的貨幣跟國際貨幣基金組織的 SDR 掛鈎，港幣有可能變成一個超主權國際貨幣。而未來當中國成為全球最大經濟體時，香港的國際商品交易市場有可能是在全球最重要的一個市場，這對國家發展戰略、人民幣國際化的貢獻將會非常大。

「一帶一路」發展項目的所有融資都是跟海外有關係的，而香港是中國唯一的一個既跟海外沒有任何交易障礙，又和國內緊密聯繫的離岸金融中心。香港最有條件發展成未來「一帶一路」發展項目離岸融資中心。

當考慮香港在國家發展戰略上的作用時，我們千萬要記住，香港的價值就在於其與內地不同的制度。如果香港跟內地一樣，那它就沒太多價值了。香港的法律制度、跟西方一致的經濟制度等等，都是非常寶貴的，是內地大部分城市沒法學、沒法試點的。在粵港澳大灣區建設過程中，我們需要維持香港跟內地城市的不一樣，這對於中國經濟與世界其他經濟體的和諧發展非常重要。

但是，相對中國經濟的巨大規模，香港的人口、地理空間都太小，需要通過整合粵港澳大灣區來擴大這個離岸經濟體。而粵港澳大灣區已經具備對標香港的能力。因此，中國需要的是進一步解放思想，大膽進行制度創新，在經濟開放、稅收體制、金融監管、法律實踐等重要領域將香港的好制度在粵港澳大灣區內複製，建立一

個屬於中國與世界的超級經濟特區，將粵港澳大灣區升級為東西方貿易、投資、金融與貨幣交流的現代化橋樑及平台，為國家發展及世界和平與繁榮作出貢獻。

（原載《金融經濟》2018 年第 23 期）

香港融入雙循環銜接帶的挑戰及其使命

　　香港過去 20 多年都太平無事，現在卻如此不穩定，為甚麼？因為它處於中美摩擦的前沿。香港為甚麼重要？中國過去 40 年的成功最重要的一步是融入了全球供應鏈體系，但現在美國有人希望中美脫鈎，甚至是讓中國脫軌。很明顯，這是美國鷹派的戰略，認為中國對其構成了安全威脅，並認定中國是競爭對手。中美雙方從國家安全角度進行的競爭是零和遊戲，從軍備競賽到經濟脫鈎，各有各自的打算與備案。但雙方的老百姓和企業還是更希望發展經濟。現在由於相互依賴性相當高以及中國不可小視的軍事實力，中美雙方既不可能冷戰（完全脫鈎），也不太可能發生大規模的熱戰（徹底互毀）。哈佛大學教授諾厄・費爾德曼寫了一本書叫做《涼戰：全球競爭的未來》，其中提出的「涼戰」意為不冷不熱，但對抗是全方位的。

　　香港最近的動亂，已經發生了本質的變化，因為它已經從和平示威、表達一些訴求上升到一種內戰。因為極端分子的目標是中資機構、講普通話有內地背景的人，以及香港的建制派。示威者採取的手段是營造恐怖氣氛，好讓上述目標人羣感受到危險，趕緊逃走。香港的許多大學，特別是香港中文大學和香港理工大學，在動亂期間都淪為戰場。這就將香港問題的嚴重性迅速上升到國家安全層面：我們的「一國兩制」，在「一國」方面實際上是沒有落實的。在中英談判時，雙方各自讓步，採取了折中方案，但妥協後的體制

在遇到內外衝擊時，實際上是無法運作的。特區政府的行政長官不可以隸屬於任何黨派，這使得特首無法獲得政黨的支持，也就無法動員基層力量的支持。另外，公務員被要求保持政治中立，但實際上每個公務員都有自己的政治立場，導致香港特區政府各個部門都有兩派。由於大部分公務員對中國內地知之甚少，更容易懷疑內地體制和政策。目前的香港特區政府沒有殖民地威權體制的優勢，反而有威權官僚體制的毛病；沒有民主體制的優勢，因為它不完全是民選的，卻又有選舉制度導致的問題。所以，香港特區政府是一個典型的弱勢政府。從過去 20 多年的歷史可以看到，無論是《香港基本法》第二十三條立法，愛國主義教育，還是大型基礎設施建設，特區政府都少有建樹。回歸以來的 20 多年中，香港沒有建成一個新城，但之前在港英當局管轄之下，大約每隔十年香港就會新建一個新城來改善居住條件。

香港如今實際上已成為一個「古董」，它有好多好的有價值的地方，包括採取普通法體系（獨立法官、案例、陪審團等制度）、自由開放的經濟、先進且與國際接軌的金融體系等；港幣與美元掛鈎，銀行體系由全球領先的滙豐銀行主導，資本市場是全世界集資能力最強的（過去多年香港市場集資額超過了美國市場，也超過了中國內地市場）；在港上市公司的市值達到了內地上市公司市值的一半；中國的外商直接投資目前有 60% 都是經過香港進來的——曾經達到了 70%；香港也是中資機構非常重要的管理海外資產及外匯儲備的地方；香港還是中國吸引全球人才最重要的窗口。

香港目前的問題非常難處理，因為中美貿易談判、台灣地區選舉、香港區議會選舉、金融風險等，都成為制約因素。另外，還有一些香港內部結構性的問題積重難返。長期以來，香港實際上壟斷

了中國經濟的對外開放。因為內地不開放，而香港一直開放，使香港的經濟金融發展非常快，也產生了很多富豪，但這些財富沒有惠及普通百姓，導致香港的貧富差距不斷惡化，達到 45 年來最差水平。其中，香港地產界土地及不動產壟斷相當嚴重，幾大地產商及大批有房階層成為地產利益集團。香港的物理空間有限，但卻有大量的土地由於種種原因沒有開發，因為開發的制度及社會成本非常高，而高房價是香港種種社會問題的根源，而短期內靠其自身難以解決。

香港特區政府執政的政治基礎非常脆弱，各個階層實際上是嚴重分裂的，所有政黨都是回歸以後建立的，缺乏群眾支持的基礎。中國共產黨在香港回歸後並沒有在香港註冊，難以發揮黨在香港的領導作用。與香港類似的自由港新加坡，經歷了獨立及去殖民地化過程，建立了長期國家發展戰略，但香港沒有經歷過去殖民地化過程，也沒有考慮國家發展戰略的傳統。在 1997 年之前，香港都是依據倫敦的指令行事，回歸之後，北京沒有干預香港特區政府的具體事務，這造成了特區政府的官員沒有方向感，不知該做甚麼，具體怎麼做。

我在香港生活工作了 20 多年，深感香港問題的複雜，但有一些感受及觀點：要解決香港的問題，不是旦夕之功，思路需要徹底改變。香港出問題，導致的麻煩必定是北京的麻煩，因此，北京必須把問題的本質及解決問題的最佳方案想清楚，而不是寄希望於香港能自己搞定。中國一定要把粵港澳大灣區改革開放做好，特別是需要能夠複製香港的大部分離岸經濟金融功能。鄧小平曾說香港的制度 50 年不變，但他還指出，50 年以後中國內地（特別是香港周邊城市）也會發生很大變化，到時兩邊城市發展趨同，也就不再需

要改變香港的制度了。可是，到目前為止，深圳、珠海與香港在開放及國際化方面的差距還是很大。

過去 40 年，深圳特區主要在將中國從計劃經濟轉到市場經濟這個使命中扮演了重要角色，未來 40 年，中國需要與國際接軌，要同美國和全世界和平共處，即構建人類命運共同體，如何推進開放和確保不脫鈎是一個大問題。為了更有效開放，借鑒「一國兩制」的創新思路，中國能否在深圳（前海）、珠海（橫琴）、海南建立第三、第四、第五個特別行政區？毫無疑問，在這三個地方可以真正落實「一國兩制」中的「一國」，而且是共產黨領導的社會主義政治制度；但同時，在這些行政特區可以自主選擇採取更徹底、更開放的市場化的經濟金融制度（「兩制」），這裏的所謂「兩制」不是政治制度，而是指資本主義的生活方式，市場經濟的營商環境，以及現代地方政府的服務體系，而這三方面正是香港做得較好也值得借鑒的地方。值得強調的是，這裏所講的資本主義生活方式等，不是一種政治體制與意識形態，而是基於「現代公司」、「股票市場」、「自由港」、「離岸城市羣」等現代市場經濟運作模式的制度生態環境。例如在這些行政特區裏可以借鑒香港的「普通法」，但只適用於商業活動。凡是牽扯到政治、地緣政治及有關國家安全的糾紛與問題，就需要以創新與務實態度自主探索一套行之有效與時俱進的機制。

這些特區一定要與內地龐大的在岸經濟體系有所隔離，因為香港一直是一個離岸的自由港，如果粵港澳大灣區要與香港融合，就一定要與整個中國內地的在岸經濟有所切割。這種切割在過去是不可想像的，但現在所有的金融產品都數字化了，可以通過金融科技與區塊鏈技術來建立電子圍欄。香港最重要的是金融與供應鏈，通

過未來的 5G 及區塊鏈，不需要物理的界限就可以界定香港周邊城市裏的一些金融與供應鏈服務為離岸服務，這就可以打破香港對中國開放的壟斷。在經濟金融領域，深圳、珠海、海南可以以香港為參照，同等開放，甚至比香港更加開放，也就是為國家、企業、家庭及個人提供香港之外的海外投資備選方案。

從空間上說，粵港澳大灣區應該主動建設互通互聯的基礎設施，特別是用高鐵連接香港和粵港澳大灣區內的其他城市，實現一個小時從香港到整個大灣區內的任何一個城市通勤服務，以便減輕香港房地產壓力。目前，港珠澳大橋無法用於通勤，因為里程過長，耗時太久，大橋香港段落地點太偏。利用便捷快速的高鐵與城際鐵路網絡可以突破香港物理空間的限制，極大優化粵港澳大灣區房地產資源的配置。

還有，整個中國海外資產實際上都存在地緣政治風險，因而需要一些中國自己的離岸城市羣來儲備這些海外資產。美國的在岸金融中心在紐約，但離岸金融中心在同盟國英國的倫敦。中國沒有同盟國，但卻有龐大的海外資產，需要一些安全的離岸經濟金融中心來維護海外資產的安全。

還有一個相關的研究課題，即粵港澳大灣區與海南自由港未來能否用一個以 IMF 的一籃子貨幣 SDR 計價並掛鈎的超主權數字國際貨幣。如果在中國的離岸城市羣，將所有的資產和負債，收入與成本，都以這個一攬子超主權電子貨幣計價，其整體的資產應該超過負債，理論上不會減少外匯儲備，反而可能增加外匯儲備，也更有利於金融安全。而且，從國家戰略角度看，需要考慮中美關係緊張時，中國很多的人才、資金和企業的流向，原來可能流向香港，但如果香港不安全了，需要創造一個非常寬鬆的經濟金融環境來留

住一些關鍵要素資源。

　　最後，香港及整個粵港澳大灣區是全世界看中國的一個窗口。如果我們能夠建立被全世界看好的中國特色的先行示範區，外界尤其是美國人民對中國的看法就可能發生變化。中國地域廣闊，地區差別巨大，要在全國範圍內實現真正徹底開放十分不容易，需要時間，也許只能先在一些離岸特區試點。但這種試點的關鍵是離岸特區一定要與龐大的在岸經濟傳統體制有所切割，否則老體制的弊病無法消除，制度性成本高昂。但是這種切割主要是在經濟與金融方面，而不需要在政治與國家安全方面有所區別。在經濟金融領域，特區政府完全可以國際化運營；但在政治和國家安全領域，可以基本維持全國性的制度安排，即堅持中國的政治體制和社會主義特色。這種創新試點非常重要，既要保證中國的主權和政治體制，又可以在經濟體制、生活方式、營運環境、和地方政府服務方面建立一個為全世界所接受的開放、包容、市場化、可持續發展模式。

（根據 2019 年北京內部研討會發言整理）

第二章

金融的雙循環

以金融開放促進粵港澳大灣區
金融雙循環體系建設

　　粵港澳大灣區在中國金融開放中的角色非常重要，因為其擁有香港這個離岸的國際金融中心。特別是未來 10 到 25 年，可能會比過去 25 年更重要。當然，要讓粵港澳大灣區在中國金融開放過程中發揮重要的作用，我們還有很多的工作要做。

香港和周邊城市的融合

　　香港是個離岸的自由港，實行一國兩制的制度。一國兩制是政治上的安排，但從經濟、金融來看，最重要的是理解我們內循環是以人民幣在岸市場體系作為基礎的；外循環是通過香港，特別是以港幣為基礎的法律、金融、市場監管體系來實現。我們在談到內外循環時，背後最根本的基礎設施就是兩種貨幣，港幣和人民幣。這兩個內外循環就像兩個不同的生態體系，一是「海水」的，我們通常講海外，港幣實際是個「海水」的生態環境；二是人民幣，我把它叫做「河水」生態環境。這兩個生態環境中間是要有銜接的，這個銜接實際一直都在發生。不論是央企國企，還是民營企業，很多成功的企業都在香港設有所謂中資機構，我們很熟悉的內地運作的企業在香港也上市，這兩個體系之間的銜接是歷史上已經有的。後面我會把它叫做「雙總部」，也就是說在香港的中資機構在內地已

經有了總部，到香港又設立一個總部。

這兩個總部因為註冊地點不一樣，註冊地點的貨幣也不一樣，以這個貨幣簽的合同是兩個生態系統的合約關係，他們的糾紛解決都是在不同系統裏。「一國兩制」提供了非常好的機會，而若想充分發揮這個機會，非常關鍵的是兩個系統相連接的地方，即深港邊界（深圳河地帶），甚至整個粵港澳大灣區都可以理解為是中國內外循環的銜接帶。從更技術的角度來看，實際就是人民幣的在岸內循環和港幣離岸外循環相互連接的地方，有很多滬港通、深港通、債券通新的管道式連通方法實際都是把這兩個體系互聯互通。

香港是中國內外循環的「超級聯絡人」，是樞紐。最突出的是 FDI 外商投資流量 60%-70% 都是通過香港進入內地的，中概股回流也是回到香港。實際香港「超級聯絡人」作用在目前地緣政治情況下和我國金融開放條件下會變得越來越重要，也就是說香港像塊吸鐵石，因為它簡單的稅收、普通法和國際化、市場化，生活方式、營商環境，很容易和全球各種經濟體合作，相互貿易投資。這個「吸鐵石」就對中國外循環將來的穩定非常重要，但它的「吸力」是來自於內地經濟規模和競爭力，需要通過粵港澳大灣區把香港的優勢發揮出來。

所以，我們可以把香港作為外循環的一個錨，海南自由港、自貿區這些地方與香港外循環更接近，因為它主要是做一些跨境服務和離岸服務。我們非常需要有類似香港這樣的生態體系來吸引海外留學生回國、海外華人和國際專家能夠為我們的雙循環做一些貢獻。

「一國兩制」確保了香港特區有完整的，而且與內地不同的經濟制度體系，這是非常重要的，制度多樣化給我們提供了更多的選

擇。香港有完整的離岸金融市場和離岸金融產品，各種相關服務的生態體系，包括供應鏈、銀行、股票市場、會計、法律等。最近大家比較關注的是，近期香港和新加坡競爭當中，是不是新加坡要趕上香港了，有很多短期的熱錢流向了新加坡。香港財政司司長陳茂波非常系統地回應了這個擔憂，實際香港國際金融中心的優勢，在資產規模和交易量方面遠遠超過新加坡。港股規模超過 42 萬億港幣，比新加坡高出七倍；有些上市公司是內地的大企業，因為背靠內地，香港金融市場規模是非常龐大的。

香港金融發展局主席李律仁大律師最近也提到，香港明年就有望超過瑞士，成為全球最大的跨境財富管理中心。所以，香港作為離岸中心的地位是非常穩固的。當然，最主要的原因是背靠內地。

香港這個體系對中國未來 25 年的發展非常重要，因為過去 25 年或過去 40 年，中國主要的發展是工業化，製造業起來了。製造業相對比較簡單，有個保稅區，三來一補，前店後廠，中國很容易完成這個過程，成為全世界最大製造業的節點。未來我們最大的挑戰是在科技創新和新興產業。

新興產業不僅包括綠色發展，也包括共同富裕這些軟性的產業。在這些方面，香港也還會繼續發揮非常重要的作用。因為這些科技創新和新興產業風險非常高，不確定性非常強。所以，它就需要系統地處理這些風險，管理這些風險，最重要的是能吸收這些風險。

香港的體制最強的就是這項，香港最強的是他的股票市場 —— 資本市場，資本市場就是用來吸收風險的。為甚麼股票市場重要呢？因為買股票的股民通常都是拿自己的一部分收入和資產來做投資的，他們的股票投資損失以後也是能夠繼續生存下去

的，如果他不賣掉，過一段時間股票又可能漲回來。當然，前提條件是股票市場要有一些藍籌股，這些藍籌股像美國的道瓊斯指數、S&P500 這些藍籌股指數裏面的表現不好的企業經常會換掉，只要你買了指數，長期看總是市場上最好的企業，所以，美國股民買這些基金從歷史上來看還是會賺錢的。這是資本市場非常重要的功能，香港在股票發行功能方面發揮得非常好。

除了資本市場，香港還有國際化的生活方式和營商環境。習近平總書記 7 月 1 日訪問香港就特別強調，香港實行的是一國兩制，其中的資本主義制度，包括資本主義生活方式，以及市場化營商環境和與國際接軌的開放制度生態體系。很多留學生首先回到香港，然後再回到內地。香港是億萬富翁最密集的城市，因為企業家很喜歡香港，其一是國際化生活方式、市場化營商環境；其二是香港背靠內地，有很好的投資機會，這兩個優勢相結合，香港的重要性就看得出來了。

香港的優勢必須和內地的優勢相互融合。香港和內地是兩個不一樣的系統，再就是企業的跨境運作，香港的中資機構和內地的企業面對的監管環境不一樣。另外，香港沒有外匯管制，內地還有外匯管制，而且不太容易短期內完全開放。這些差別其實都是同樣的問題，即兩個不同體系無法簡單對接或一體化，我們需要的是把兩個不同的制度體系通過特殊的制度安排衡接好。如果不衡接好，深港兩地都會出現一些深層次的矛盾與問題。對香港來講，最大的問題是因為制度性障礙而失去了利用內地的腹地的機會，香港是對全球開放的，但對內地並不是完全開放的。香港和紐約的曼哈頓不一樣，在曼哈頓島上班的人可以到周邊城市居住，每天通勤去曼哈頓島上班。但在香港目前還不能住在粵港澳大灣區的內地城市，每

天通勤到香港島上班。雖然深港之間只隔着 50 米的深圳河，但搞經濟地理的學者計算，實際有效距離相當於 500 公里，因為有很多制度的障礙。因為這個障礙，香港就出現了產業空心化、樓價貴、住房短缺、收入兩極分化、人口規模增長也非常慢。我 30 年前去香港時，大概有 600 多萬人口，現在也就 700 多萬。同期，深圳就完全不一樣了，從一個漁村成長為有 2000 多萬人口的超級大都會。香港這些深層次的矛盾和深港兩個不同的體系沒有很好銜接是有關的。

深圳是屬於內循環，再怎麼努力開放也很難超過香港。因為金融開放是個系統性的問題，深圳一開放全國都開放了，風險還是比較大的。因此，我們需要通過制度創新來更好銜接雙循環，目的是讓生產要素跨境跨系統暢通，但又不會影響雙循環雙體系各自的正常運行。

一、設立「香港實體片區」

深港之間需要有一個能夠深度合作的經濟特區作為雙循環銜接的平台。原來深圳就是一個經濟特區，我想強調的是，這個經濟特區不是行政區，經濟監管方面需要採取一些特殊政策，方便企業能夠跨境進行合作，跨境配置資源，但行政及地方政府基礎設施與公共服務方面可以維持各自的體制。我在這裏提出一個制度創新的建議，即兩地合作成立一個「深港深度合作經濟特區」。例如在香港北部都會區深圳河以南可以考慮劃出一塊還沒有開發的土地作為「香港實體片區」。香港前特首林鄭月娥首先提出來發展北部都會區，新任特首李家超也特別支持發展北部都會區。北部都會區有 300 平方公里，佔香港陸地面積三分之一，但很多地方是還沒有開發的，非常適合設立一個新的經濟特區來加速及高質量高標準開

發。具體需要怎麼劃，可以再深入討論。如果在香港北部都會區設一個「二線」，「二線」和「一線」（也就是深圳河）之間就可以建立一個理想的在香港行政區內的經濟特區，可以考慮採取特殊的對內地開放的經濟政策，這有點像當年內地把深圳作為內地的經濟特區對外開放。

二、設立「深圳虛擬片區」

香港需要對內地開放，因為它對全球已經開放了。深港之間現有的邊界（「一線」）沿着深圳河有好幾個關口，如果在北部都會區設「二線」，「一線」就可以適當放寬，形成一個深港之間的銜接帶，方便深度合作。在香港方面，設立「二線」技術上是有可能的，但需要解放思想，也需要制度上的創新與突破。深圳方面，因為土地已經高度開發了，沒有空地。所以，深港深度合作在空間方面，深圳只能採取貢獻一些虛擬片區的辦法。虛擬的意思是指：在這個片區裏，香港的企業可以落地運作，設辦公室，從行業監管角度等同於在香港運作，企業可以按照香港的法律與監管條例運行。但當地的基礎設施、治安、環保這些事務還是由深圳來管，相當於香港的「制度氣泡」延伸並嵌入了深圳行政區內。比如香港註冊的銀行可以在深圳前海設離岸業務分行，用的是港幣，主要為海外人士服務，歸香港金管局監管。當然這些離岸企業需要租深圳的辦公樓，也可以僱一些內地的員工，與其香港員工配合。這就是「雙總部」的概念，即香港註冊企業可以在深圳設第二總部。這個安排對企業很重要，也可操作，方便企業跨深港兩地來配置要素資源。這兩個總部的稅收、GDP、人才和其他業績應該由兩地共享，這樣就可以使得兩地政府有積極性去深度合作。目前深港兩地地方政府招商引資積極性都很高，但實際是地方之間過度競爭。

三、企業跨雙循環設立雙總部機制

作為對等，內地的企業應該也可以到香港北部都會區「經濟特區」內設一些代表處或第二總部，相當於在香港有辦公室，其實就是讓內地註冊的市場主體可以在香港有一個延伸點，類似國與國之間有大使館或領事館，讓內地企業在具備外循環環境的香港有一個實體立足點，方便它們走出去到東盟、「一帶一路」、歐洲等國家做對外貿易和投資。這些雙總部企業的稅收、GDP、人才等也應該由兩地政府共享。這些企業的行業監管應該歸內地監管部門負責，但兩地合作的經濟特區可以設立一個管理委員會，協調兩地合作事宜，包括頒佈新的經濟特區法律以及利用數字技術實行比較精準化的基於市場主體的監管。

我這裏對跨雙循環設立雙總部的機制有個大致的描述：原則上在註冊地設第一總部，跨境設第二營運總部（也可以看着是一個辦事處），不需要兩地政府共同去管，要明確分工，因為共同管是很難管的。而分管就比較容易，因為現在的監管基本都數字化了，監管就是企業報數據給監管部門。這樣離岸的企業歸香港管，在岸的企業歸內地管，兩地政府有分工也有協調與合作，企業第二總部在當地可以有備案，但監管還是由註冊地監管部門負責。有甚麼問題大家可以通過兩地合作經濟特區管委會一起商量，最重要的是可以安排兩地利益共享，即兩地可以共享稅收、GDP 和人才，避免現在存在的過度競爭。這些都需要兩地與中央一起探索，並通過立法實現制度創新。這些制度創新（雙總部場景）按照傳統的屬地原則（以行政區為基礎來監管）是無法想像的。所以需要解放思想，把傳統按照屬地、行政區劃來進行監管分工的傳統模式轉變到在數字化趨勢下按照市場主體來進行個性化精準監管的新思路。我認為

這個新思路是未來趨勢，數字化趨勢就是可以實現個性化精準監管與個性化服務。

在精準監管中，最重要的突破是如何銜接兩個不同體系中有矛盾的地方。現在我們已經有很多在港中資機構，也就是雙總部機制（一個在內地，另一個在香港），但兩個總部之間資金不能暢通，人員也不能共享，還有很多的矛盾，因為它跨兩個不同的監管體系。我們需要做的是，從中央層面給深港深度合作的經濟特區賦予一些特許政策，讓一些跨兩個系統運營的企業可以突破目前外匯管制等制度上的約束，目的是在企業這個層次能夠更好地配置生產要素，使得這些生產要素包括人才、資金、信息能夠暢通。

在我們目前體制下，生產要素跨雙循環流通非常難，需要有試點。我建議採取「白名單」制度，每個行業選幾個企業先做試點，這樣就沒有太大的系統性風險。讓這些企業秉持誠信的態度，將特許政策實實在在地用於提高企業在全球的競爭力，而不是為了炒作或洗錢。這種特許的方式實際是金融領域一般性的監管方式，因為金融領域的產品與機構都是要有牌照的。為甚麼要給牌照？因為金融有壟斷性及系統性風險，一定要有監管的。

四、深港深度合作經濟特區與企業跨境雙總部機制的戰略意義

這個「雙總部」的概念如果能落地，它對於我們金融開放，對雙循環銜接會有巨大的正面影響。香港作為國家外循環平台，實際上需要「擴容」，因為香港最大的問題是沒有可用的土地空間，導致房子太貴，無法發展產業。按雙總部與經濟特區的思路，香港就不缺地，企業可以在香港設第一總部，在粵港澳大灣區內地城市設第二總部，行業監管歸香港，稅收和內地共享。這個好處是，將深港比較優勢都用上。之前的港資企業到內地是按照人民幣在當地註

冊，被內地監管機構監管，它就變成內地的企業而失去了香港制度優勢，這對競爭力影響非常大。

通過「雙總部」實際上就讓香港「擴容」了。但也可以迅速提升粵港澳大灣區內地城市國際化水平、營商環境和國際競爭力。因為在雙總部機制下，在深圳就有兩套體系了，既有深圳大環境又有香港要素，因為在深圳將有很多香港企業的第二總部，完全按照香港的遊戲規則來運作的。這對深圳來講是非常重要的，如果沒有這個吸引力，粵港澳大灣區已經和正在建設的那麼多辦公樓就會過剩，本地就業也會有問題。通過這種制度創新，可以顛覆性地破解深港合作的困局，把兩地由競爭關係變成了相互之間是股東的關係，使得兩地可以進行深度合作，捆綁式互補，多贏發展。

這將營造一個嶄新的制度生態環境：內外循環銜接帶。這個銜接帶為甚麼有吸引力呢？它實際把深港兩地的優勢整合了，既可以用香港的制度化、國際化的制度，又可以用粵港澳大灣區內地城市的地理空間、產業空間和市場腹地，這對我們吸引全球的跨國企業扎根中國，落地粵港澳大灣區，在雙循環的銜接帶落地具有非常重要的意義。

香港的貨幣體系是中國外循環重要平台

雙總部最主要的是用香港的體制來做大我們的「外循環」。香港最重要的是它的貨幣。我們在學貨幣理論時，認為貨幣主要有三個功能：一是計價單位，二是交易媒介，三是財富儲藏手段。實際上還有一個功能非常重要：貨幣是監管的媒介。從美國的「長臂管轄」及美元霸權可以看到，只要用美元，美國就會監管。作為監管

的媒體，與貨幣相關的監管體系非常重要。人民幣當然是我們的貨幣，是歸我們監管的。所以，在我們國內，外資企業只是外資，外資企業還是在中國以人民幣註冊的企業，被中國監管機構監管。

我們是一國兩制，港幣也是中國的貨幣，相當於我們一個國家有兩種貨幣。港幣作為監管的媒介，它是香港也是我們國家外循環平台一個非常重要的，可以說無價、無形、不可替代的軟資產和軟實力。為甚麼呢？因為港幣體系非常完整，它有貿易融資、銀行、債券、股票、保險、基金、房地產，甚麼都有。所以，港幣的金融產品就和我們說的離岸人民幣不一樣，離岸人民幣只是一個過渡形態，沒有太多可投資可做風險管理的產品，但是港幣甚麼產品都有。

最近很多人擔心資產離開香港了。這種情況在歷史上發生過多次，20多年前我寫了一篇關於迂迴外商直接投資（Round Trip FDI）的文章，引用率非常高。如果看我們的外匯儲備，人民銀行的外匯儲備非常穩定，但按照我們貿易及經常項剩餘數據看，潛在外匯儲備實際上在不斷增加的，只是都藏在民間了。實際上所謂流失的一些資金，變成境外資產後，往往都會通過香港以迂迴外商直接投資形式又回到內地。道理是，我們很多企業家出於分散風險的考慮，想離岸留一些資產，這個通過外貿是很容易實現的，往往在進出口和投資過程中或者境外上市時，報價高一點或低一點，就可以將部分資金留在海外。這是一直都存在的一個現象。但這些錢留在海外，最後還是要在實體經濟賺錢的，而實際上長期看中國才是最賺錢的地方，這些外流資金到了海外以後又通過外商直接投資形式回到內地了。最重要的是，如果我們國家經濟發展前景好，這些錢都會回來。所以，對外循環我們要有自信心，內循環做好了，這

些錢都會回來，不用擔心。

為甚麼不用擔心？因為由於地緣政治因素，中國的個人和企業把錢放在海外是不太安全的，而放在香港最安全。所以，我們要把香港做大，要在香港留很多離岸資產，這些離岸資產越多，中國的金融風險其實越低，而這些離岸資產隨時可以轉成美元、歐元、英鎊，對我們所謂的對外貿易與投資也是非常重要的，流動性非常強，而且是全球定價。所以，香港是中國家庭與企業存放離岸資產最佳的地方與平台。

我們金融開放非常重要的就是利用香港這個外循環平台。港幣和人民幣現在都開始了數字化進程，如果在粵港澳大灣區，港幣和人民幣能夠相互配合互補，香港和整個粵港澳大灣區可以打造全球最兼容的國際金融基礎設施，要想進外循環就可以用港幣，要想進內循環就用人民幣，在粵港澳大灣區把港幣變成人民幣，把人民幣變成港幣應該可以非常方便，在過去就曾經非常方便，但是過去有很多都是通過地下，因為那時候數字監管技術還不是很發達。現在「地下錢莊」已經很難生存，因為金融都已經數字化了，監管可以很精準有效。我們需要有更包容的、可以將兩個貨幣體系銜接得更好的系統來不斷改進「雙循環」銜接效率與質量。

談到港幣的未來，這個話題有點超前。我們想像一下，港幣如果和人民幣掛鈎，港幣就變成徹頭徹尾的離岸人民幣。當然，我們現在沒必要這麼改，但在中美激烈衝突時，哪一天我們可能不得不這麼做。即使在最困難的情況下，我們把港幣變成離岸人民幣也不是太差的選擇，只要我們自己有底氣，能夠搞好自己的經濟，把自己的事情做好，港幣與人民幣掛鈎也是可以接受一種選擇。當然，我之前也一直建議港幣要做好與 IMF SDR 一攬子貨幣掛鈎的預

案，因為我認為，那是最理想的。中美需要合作，也需要讓美元霸權面臨一些約束，未來如果可以推行 SDR 一攬子貨幣，也可以給美國減少一些負擔，因為美元現在作為全球的主要儲備貨幣，必須維持經常項的逆差，這對美國長期發展來講也是很危險的。

香港如果可以把港幣和一攬子貨幣掛鈎，實際它就成為市場化的超主權離岸數字貨幣體系的一部分了，這是值得我們研究的。我們要認識到，因為有香港，中國的金融開放水平是非常高的。香港金管局的金融資產佔到中國人民銀行資產接近 10%，佔到美聯儲資產的 6.7%，雖然香港的 GDP 佔內地 GDP 只是 2.5%，但它主要因為是金融中心，所以它的金融資產非常龐大。如果按照內地來算，內地外資銀行資產只佔到內地所有銀行資產的 2%，那就很低，但把香港加進去，香港就是個龐然大物，中國的金融開放水平就非常高了。

香港不用擔心美國對我們的壓力，香港的金融體系最重要的是它的監管體系，監管體系裏最重要的是它沒有外匯管制，完全開放，完全市場化、國際化。這導致的結果是，香港的銀行體系裏存款非常多元化，人民幣佔到 7.5%，港幣佔不到 50%，因為 51.2% 的存款是外幣。香港的存款是按照市場與客戶的需求來形成的。不管港幣和英鎊掛鈎、和美元掛鈎，還是和人民幣掛鈎，它整個金融體系的運作是按照市場化原則來進行的，存款結構當然是其中最重要的特點。所以，我們不用太擔心港幣具體與哪個貨幣掛鈎，港幣與美元掛鈎可能心理上的影響很大，但最重要的影響是香港的貨幣政策，港幣和美元掛鈎的直接後果是香港的利率與美元利率保持一致，香港的貨幣政策就是用美國的貨幣政策，如果和英國掛鈎就是用英國的貨幣政策，和人民幣掛鈎就是採取人民幣貨幣政策。這不

是特別重要，因為匯率和利率只是貨幣的定價，在香港所有的商品與服務價格都是很靈活地由市場決定，貨幣定價確定後，其他價格是可以根據市場情況做調整的。

我們過去的金融開放因為有了香港非常成功，但我們可以做得更好，而且要更重視香港作為外循環平台，想辦法鞏固香港國際金融中心的地位。鞏固就一定要把雙循環銜接做好，要用好香港的港幣金融體系，應該把港幣作為我們外循環活動的主要貨幣。在我們的自貿區、海南自由港和銜接帶充分使用港幣的風險非常低。只要我們能夠掌控貨幣作為監管媒介的重要功能，我們就不會有太大的被美元霸權影響的風險。

香港有非常完整的監管體系，這個監管體系是以港幣為基礎的。前段時間，港版國家安全法通過以後，香港法律體制的漏洞就堵住了，現在可以更大膽地用港幣這麼一個世界領先的離岸金融監管體系，通過這個金融監管體系，確保我們和全球經濟銜接得更好。我們的「一帶一路」、RCEP和俄羅斯及中東的關係，與全球各個地方的合作用港幣體系會非常方便。多用港幣少用美元對我們更安全，對美國也有一定的威懾和約束作用。

港幣雖然和美元掛鈎，但用港幣實際和用美元是不一樣的，港幣背後的實體資產主要是在香港或內地其他城市。我們不能把港幣看作是美元。在香港，港幣資產說起來是和美元掛鈎的，但它的資產價值實際是由中國內地經濟發展質量和增長速度決定的。最近，中國內地雖然經濟增長放緩，但我們的通脹率很低，而且我們在宏觀政策放寬之後有很大的增長潛力。所以，人民幣未來的購買力實際上是會不斷升值的。

港幣資產就是香港所有的資產，當然是以港幣來計價，這個資

產是和內地經濟發展高度相關的。從本質來看，香港本幣資產背後的價值是由它背後的實體企業競爭力決定的，而它的實體都在香港和內地，而且都是與人民幣的價值高度相關的。從金融開放，經濟發展角度來看，我們應該更關注實體企業真正的長期的價值，而不能夠過分地看短期金融市場。因為金融市場短期波動太厲害，美國一加息好像美元就升值了，實際是虛的，美元的長期購買力是在不斷下降的。

　　香港的資產實際就是中國的離岸資產，港幣本質上就是離岸人民幣，長期來看它就應該是離岸人民幣。只不過因為歷史的原因，港幣原來是和英鎊掛鈎，後來英鎊不穩定就改為和美元掛鈎。那時候中國經濟還沒有開始改革開放，當然不可能和人民幣掛鈎。中國過去 40 年的改革開放，經濟都起來了，人民幣體系就越來越穩，最近易綱行長發表在《人民日報》的文章也強調，現在人民幣體系是全球最正常最穩健的，其實是留了很多空間可以進一步放鬆貨幣政策和財政政策，來支持實體經濟。而美國過度使用貨幣政策和財政政策，負債累累。加息之後，美國實際利率還是負的，中國一直沒有出現負實際利率。所以，美元目前是不穩定的，而且美國的負利率從宏觀政策看是強刺激，而我們人民幣實際利率為正而且很高，是非常穩健的，實際沒有太多刺激。所以，人民幣會不斷升值。我們通過香港的案例可以看得出來，中國未來的金融開放有很多機會。

（根據 2022 年第 198 期「大金融思想沙龍」的演講整理）

金融雙循環領域的制度創新
── 探索人民幣與港幣體系在粵大灣區並行

雙循環發展戰略的背景與粵港澳大灣區定位

在新冠肺炎疫情的衝擊下，全球經濟面臨深度衰退；經濟增長的外部環境持續惡化；中美摩擦全面升級；逆全球化思潮與中美脫鈎威脅疊加；外向型經濟發展受阻。2020 年 7 月，中央政治局會議首次提出雙循環發展格局，10 月的十九屆五中全會通過「十四五」規劃綱要，提出「暢通國內大循環，促進國內國際雙循環」。

本文主要討論在金融雙循環領域的制度創新。需要強調的是，粵港澳大灣區是內外循環的關鍵交界地帶，如何在粵港澳大灣區進行制度創新意義非凡。此外，有必要將港澳、粵港澳大灣區、海南自由貿易港，以及全國 20 多個自貿片區看成中國正在形成的一個離岸經濟金融生態圈。

在「一國兩制」下，中國內地與香港有兩個不同的制度生態環境，使用兩種不同的貨幣，以及兩種不同的法律體系。兩個地區之間的優勢和劣勢經常被討論，其中香港的優勢對中國過去 40 年的發展貢獻非常大。但香港存在短板，一是物理空間小，二是市場空間小，除此之外還有一些體制需要完善的領域。香港在經濟、金融

方面非常發達，過去兩年無論是疫情還是動亂，都未影響到香港的金融業，市場反而繼續擴展，但由於金融業做得特別優秀，形成某些行業過高的壟斷性利潤，包括金融與地產。在這種大環境下，香港無法支持除金融和地產以外的其他產業，這是較為遺憾的。這正是香港和整個粵港澳大灣區需要整合的一個原因。針對未來的外循環發展，本文主要討論如何通過制度創新來完善中國離岸經濟金融生態體系。

香港與內地在粵港澳大灣區可以互補形成系統集成優勢

香港是世界頂尖的離岸自由貿易港和離岸國際金融中心。香港作為超級聯絡人平台有很多優勢，但其自身也存在短板，特別是需要在物理及市場空間擴容的問題。如何讓香港的制度優勢為更多的實體經濟服務，讓粵港澳大灣區和其他自貿區內的經濟實體，在離岸和跨境環境下受益，並在受益的同時幫助香港解決自身難以解決的問題，都是當前香港和整個粵港澳大灣區面臨的挑戰。

在經濟與金融市場的整合的過程中，貨幣體系，特別是其記賬、標準及監管系統，是極其重要的。貨幣實際上是監管最重要的媒介，美國的長臂管轄就是通過美元系統，具體來說是通過美元的監管系統來實施的。美元匯率對我們的影響並不是主要的，來自美元體系的主要威脅是美國將美元充當監管媒介並以地緣政治目標來實施長臂管轄。香港具備完整的金融市場體系，其中港幣作用很大。雖然港幣與美元掛鈎，但這種掛鈎只影響到港幣兌美元匯率，不影響在港幣基礎上形成的銀行、房地產、抵押貸款、股票市場、債券市場，還有各種風險投資的市場運作體系，這個完整的港幣監

管與制度生態體系非常重要。現在問題在於全球最重要的貨幣生態體系是美元，然後才是人民幣。香港的港幣生態體系實際上成為中國離岸金融市場的一個最重要的監管媒介。這種港幣作為監管媒介的功能在過去被忽略，未發揮其應有的作用，這是本文最主要的觀點之一。

　　貨幣作為監管媒介的功能可以做一個恰當的比喻：香港的金融體系相當於「海水環境」，人民幣相當於「河水環境」，海蝦適合在海水生態環境下生存，在河水裏卻可能「水土不服」。這種問題可以通過兩種體系並行來解決。港幣和人民幣體系並行的意思是指這兩種生態環境可以在同一個物理空間，同一個市場空間下並行運作。可以讓一部分人和企業選擇更適合他們運作的生態體系，這裏主要是針對港人港企，外國人外企。允許他們選擇人民幣和港幣為甚麼重要？重點在於，當港人港企，外國人外企，可以在粵港澳大灣區物理空間選擇港幣和人民幣兩個生態體系時，他們就更容易來粵港澳大灣區發展，我們就更容易在粵港澳大灣區形成一個統一的暢通的要素市場，也就是人流、資金流、信息流更有效率地在粵港澳大灣區內配置。這包括港幣的統一市場，也包括人民幣的統一市場，而這兩種市場之間並不需要完全混合。這相當於在粵港澳大灣區建一條運河，通過這條運河把海水引進來，目的是讓海蝦有更廣闊的空間，包括可以與粵港澳大灣區的河蝦取長補短合作共贏。在過去，運河可能需要物理圍欄，因為要確保海水不能與河水混合。但今天由於金融科技的發展，我們可以建立一個數字圍欄，而且更牢固、成本更低。海水與河水不需混合，但海蝦與河蝦卻可以在同一物理空間合作，在兩個系統並行的過程中，我們可以非常精準地界定甚麼人、甚麼企業可以同時使用這兩種生態體系，大大提高資

源配置效率而不會推高海水與河水混合的風險。

　　這與自貿區多幣資金池的概念類似。特許資金池允許企業可以將人民幣與外匯賬戶聯通，大大提高某些自貿區內企業的資金配置效率，但也有一定的資金跨境流動額度限制。但資金池的概念有局限性，因為沒有考慮到金融服務需要一個完整的以一個特定貨幣為運行及監管媒介的制度生態體系。

　　港幣雖然現在與美元掛鈎，香港不得不採用美國的利率及貨幣政策。但更重要的現實是港幣是一個獨立的監管體系。港幣將來可以與人民幣掛鈎，也可以與 IMF 一籃子貨幣 SDR 掛鈎，掛鈎不同的貨幣只會影響匯率，而不會影響香港金融監管體系。香港的監管體系非常適合於中國的離岸經濟金融活動。如果將香港的監管體系延伸並系統性地應用到中國的離岸經濟金融的主要載體地區，包括海南自由貿易港，以及遍佈全國的 20 多個自貿區，中國就會形成一個系統性的離岸經濟金融制度生態環境，這將大大改善這些開放地區為外循環實體經濟服務的效率並更有效地管理風險。

　　另外，目前國際地緣政治環境下，利用港幣離岸金融體系，實際是創造了一大類屬於中國的海外離岸金融資產，雖然這些金融資產背後的實體是在中國的主權領土範圍內的，具有更好的安全性。這相當於中國的外匯儲備有一部分是存在自己管理的保險櫃裏，但保險櫃裏的離岸資產是在全球市場定價、交易及具備全球流動性，這是中國歷史上非常偶然的特殊現象與機遇，主要原因就是我們有香港，但是在過去我們並沒有充分利用香港，將來需要更好地利用香港離岸市場的優勢。如果香港的經濟金融的制度體系能夠應用到橫琴、前海、海南島以及很多其他的自貿區，那麼就相當於把香港的離岸市場擴大了，這種擴大不是採用所謂「飛地」把所有資源歸

入香港，而只是在經濟和金融領域，針對某些經濟金融活動，通過數字監管的技術精準地將香港具有優勢的離岸經濟金融制度環境更好的應用到內地自貿區，而同時又可以解決香港自身的物理空間不足、市場規模不夠大的問題。

中國未來長期發展一個重要的領域是制度創新和理念創新。「一國兩制」便是一種創新，而港幣體系的更好應用也是一種與「一國兩制」精神一致的經濟金融領域的創新，會為中國海外資產配置的效率與安全提供更多的選擇。這些創新需要香港與內地監管機構有更多的協調，特別是有一些法律與技術問題需要解決。

這些創新也可以促進人民幣國際化。人民幣的國際使用，有兩層意思，第一層意思是外國投資者能否買到中國資產，這需要上海等國內在岸金融中心更加開放，讓外國人來買中國資產。另一方面，中國企業和個人同樣要持有境外資產，此時港幣作為中國的離岸金融生態體系便可發揮作用。

這裏提出的兩幣並行創新金融生態體系其實就是更系統地利用自貿區資金池的概念與框架，只不過我們將原來地下錢莊的運作完全透明化且系統地監管。實際上就是允許香港企業和香港居民不僅可以到粵港澳大灣區內地城市來工作及生活，也能夠無縫銜接地做他們在香港能做的事。如果能做到這一點，就能使粵港澳大灣區建立一個統一的、生產要素可以暢通的離岸與在岸雙軌並行的高質量市場。

離岸市場的擴大對國內在岸市場的衝擊很小，因為這種做法非常類似於改革開放初期的通過「兩頭在外，三來一補」方式發展製造業。當時有一個外商投資企業法，外商到中國來主要是用我國的勞動力和土地，在中國本地裝配，然後出口。今天需要將這種方法

升級到金融服務業。做金融服務業的「前店後廠」，前店是香港的國際認可的制度環境，後廠是粵港澳大灣區、海南自貿港及遍佈全國的自貿片區的廣闊物理空間與市場。目前因為有了數字監管技術，實現金融服務業的「前店後廠」的技術難度下降，可以非常精準地界定做對外經濟往來的企業和個人，令其可以在更合適的環境裏做離岸與跨境服務。這些創新對我國未來改革開放的突破，及與世界金融不脫鈎，具有非常重要的意義，也是機會。

粵港澳大灣區十年前便開始建立自貿區，特別是在前海與橫琴，但從效果來看，自貿區的發展還需要進一步突破，主要原因是政策碎片化，且往往以優惠政策為主。企業希望享有優惠政策，而在具體操作上卻不可行或不成氣候。經濟和金融是一個生態環境，就像一條魚在海水，如果沒有完整的生態環境，魚是無法生存的。目前為止，真正能運作的經濟金融制度生態環境就是正在逐漸完善和越來越現代化的人民幣生態體系和港幣生態體系。這兩個體系在全球都可以運作、受認可，也是一國兩制的成果。

推動人民幣與港幣雙軌並行

橫琴新區的隔壁是澳門，這裏特別需要強調，就中國城市而言，澳門是一個產業非常單調且很小的城市，其作為「一國兩制」的樣板很寶貴，但從未來的發展來看，澳門沒有形成一個完整的以澳幣為基礎的監管環境，所以將澳幣或澳門的監管體系作為橫琴未來合作的試點，應慎重考慮。橫琴可在香港（港幣）生態體系或內地（人民幣）生態體系中作出選擇。我認為可以在橫琴試點港幣與人民幣體系並行，為推動粵港澳大灣區市場一體化作出貢獻。

香港的證券市場由原來的四個證券交易所合併為一家，在歷史上是合理的，因為香港市場當初很小。然而今天，當香港已經成為中國的最重要的離岸市場，香港應該有更多的交易所可以相互競爭。新的證券交易所，也許可以選擇設在橫琴，但可以考慮用港幣與人民幣並行的監管制度體系，也就是交易貨幣可選擇同時用港幣和人民幣，這種雙幣並行的制度創新，在橫琴是有可能實現的，重要的是需要解放思想，並從全球環境視野及目前雙循環發展戰略的角度出發來考慮。

我希望特別強調的是：貨幣是監管的媒介，是金融生態體系的「根」基礎設施，過去我們可能沒有意識到，也沒有足夠重視。在金融生態體系裏，首先是有貨幣及其監管系統，然後才有各種金融產品，如保險、股票、債券、風投、銀行抵押貸款等，這樣才能使投資者可以在各種產品之間配置資源，配置資產。目前已經有香港這樣的比較完善的離岸自由貿易港作為榜樣，新建的海南自由貿易港，還有許多其他的自貿片區裏面的實體都需要有完整的、系統集成的制度環境。要使這裏提出的想法真正落實，一定要關注頂層設計和系統集成。在這過程中貨幣應作為「根」基礎設施，沒有貨幣這個「根」，「大樹」便長不起來，在「根」上多花點功夫，是現在的當務之急。幸運的是，因為有「一國兩制」這樣有優勢的制度，香港也有完善的港幣監管系統，以及其與全球美元、歐元等市場無縫銜接的離岸生態體系，粵港澳大灣區可以充分利用香港這些優勢。

此外，這裏的思路並不是要將資本賬戶全部開放。而是將粵港澳大灣區未來的發展方向界定得更清楚，包括橫琴將來要向離岸及香港的生態體系靠攏。現在需要做的是通過金融科技，將橫琴與內地的聯繫適當的分離，分離得越清楚，橫琴向離岸和開放系統轉型

的風險就越小，與香港體系的融合就越徹底。如果在橫琴或澳門建一個新的交易所，我認為該交易所可直接對標香港交易所，包括借用香港的制度環境，可以考慮港交所與深交所入股來創造共贏的制度機制。同時，在同一個物理空間，同一個交易所，也可以同時加入港幣與人民幣兩種金融產品，這就是前面提到的人民幣與港幣金融體系並行的制度創新。該交易所交易人民幣金融產品時，就意味着與上交所、深交所的金融產品有一些競爭，同時接受內地監管。而交易港幣產品時，就與港交所有一定的競爭，同時接受香港監管。我們可以將這種競爭與監管界定清楚，然後兩個並行的生態體系就可以發揮各自的作用，並發揮得更充分，達到互補共贏的目標。

（根據 2020 年「第四屆橫琴金融論壇」的發言整理）

粵港澳大灣區在金融雙循環領域的
制度創新與深度合作

香港在資本市場，特別是企業上市方面，取得了巨大的成功，不僅是 60% 以上外商直接投資進入內地的窗口，也是中國企業海外上市及發行美元債的主要平台。過去十年，香港通過上市幫助企業融資的總額超過內地兩個交易所之和，也超過美國所有交易所的集資總額。本文主要討論香港目前與粵港澳大灣區其他城市合作遇到的問題以及如何解決這些問題。

香港面臨的挑戰與「一國兩制」的新實踐

香港金融業由於中國內地金融不夠開放而具有壟斷性，香港的地產由於與內地交通不夠暢通及資金跨境流通的障礙也具有壟斷性。因此，雖然香港有限的物理空間與狹窄的市場空間為具有一定壟斷性的金融業與地產業創造了巨額利潤，卻無法解決廣大中下階層收入停滯、生活成本不斷上升的窘況，這限制了香港比較優勢，即經濟金融制度方面優勢的進一步發揮。香港的比較優勢表現在以港幣為基礎的對全球開放的自由市場經濟與金融制度生態體系，而這個制度生態體系對國家雙循環發展戰略越來越重要。

香港是典型的離岸國際經濟金融中心，我們可以將這種貨幣金融體系稱為「海水或鹹水」，為了做離岸國際貿易與投資和多邊的

跨境交易，需要用到「海水或鹹水」的離岸服務。香港提供的就是全球化的、離岸的國際金融基礎設施及監管體系。香港的這套高度國際化、市場化、法治化的國際金融體制可以看作一個歷史形成的「海水或鹹水」生態體系，是我們外循環必備的平台。而我們的內循環可以看作一個「河水或淡水」生態體系。現在很多有關粵港澳大灣區融合的政策，是用管道把「海水」變成「淡水」，或者「淡水」變成「海水」，然後互聯互通。

2019 年《粵港澳大灣區發展規劃綱要》提出了一系列深化港澳與大灣區內地城市合作及融合的政策，在基礎設施互聯互通（港珠澳大橋及跨境高鐵）、自貿區新城建設（主要是前海、橫琴、南沙的房地產）及港資企業在自貿區內註冊（主要是享受優惠政策佔地盤）等方面取得了顯著的進展。2020 年一季度，前海新增港資企業 130 家、新增註冊資本 88.1 億元人民幣。在前海註冊的港資企業數量從 2015 年的 2172 家增至目前的 12232 家，註冊資本達 1.3 萬億元。但是這些在粵港澳大灣區內自貿片區的港企大部分沒有可以盈利的跨境及離岸業務，對吸引香港的年輕人在內地就業和促進香港與內地的合作與融合的作用有限。前海深港青年夢工場累計孵化創業團隊 446 家，其中港澳台及國際團隊 227 家，佔比超過一半，但前海聚集境外人員只有 8786 人，其中包括 5123 名香港居民，與香港 700 多萬人口比只是杯水車薪。這個狀況可以從「一國兩制」的角度來理解。

「一國兩制」雖然確保了港幣在香港流通，但港人回到內地生活與工作只能用人民幣，而港企回到內地運作必須重新設立內地法人並只能開設人民幣賬戶。這不僅阻礙了香港居民融入隔壁的深圳與珠海，也限制了港企利用內地城市物理空間及巨大市場來提升其

以港幣為基礎的離岸業務的規模與效率。

「一國兩制」實際上確保了香港與內地具有不同的經濟金融制度生態體系，而這兩個制度生態體系的「根基」就是港幣與人民幣。港人與港企在以港幣為基礎的制度生態環境裏如魚得水，但一旦回到內地以人民幣為基礎的制度環境裏就水土不服。這就導致了相當一部分港人寧願接受低收入，領取政府福利，承受昂貴的房租，也不願到內地來發展。

這種情況不僅限於個人與家庭，也包括港資與外資的企業與金融機構。根據我擔任多家外資銀行獨立董事的經驗，很多外資銀行在香港做得很成功，但其在內地的機構規模有限，甚至長期虧損。外資銀行做中國業務的優勢是在與外幣有關的跨境與離岸業務，而在以人民幣為主的在岸業務方面並沒有比較優勢。這就是為甚麼這麼多年來外資銀行在內地的在岸人民幣業務市場份額還不到 2% 的主要原因。

兩套金融生態體系並行促進外循環發展

隨着中美關係的緊張以及周邊局勢的動盪，以美元計價的大量中國海外資產安全成為一個問題，需要警惕美國將美元武器化，通過 SWIFT 跨境資金流通信息系統等機制，對中國企業、個人及與中國相關的離岸項目以長臂管轄為藉口（如反洗錢、反恐、經濟制裁），實施精準打擊打壓（類似針對華為的制裁）。也就是說在美元主導的國際金融秩序下，中國的跨境貿易、跨境投資與離岸資產的維護將面臨嚴峻的挑戰。我們在海外的很多離岸資產變得不那麼安全。但是在香港的資產，卻是非常安全的。所以很多海外上市企業

要回國，一般都選擇回到香港，因為希望保持資產的離岸性質。

現在面臨的挑戰是如何利用粵港澳大灣區的空間，包括物理空間和市場空間（內地市場的深度、廣度，包括科技、製造、基礎設施等領域）來方便港企港人拓展其以港幣為基礎的離岸與跨境業務，充分發揮港企港人的比較優勢；促進粵港澳大灣區在國家外循環發展方面與香港緊密合作、互補共贏；還需要考慮進一步將港幣經濟金融體系升級為承接中國離岸資產與財富管理的一個世界級離岸國際金融平台，以防範美國濫用美元平台。

香港的國際金融中心主要優勢在於交易所 IPO 集資，但在債券市場方面沒有優勢。原因是香港特區政府既無內債，又無外債，而且財政盈餘都超過兩年的預算。政府不發港幣債，港幣又與美元掛鈎，港幣債券市場非常小，沒有規模形成合適的港幣利率回報曲線，企業發債一般發美元債，而港幣主要是用於銀行和上市業務。

粵港澳大灣區在金融方面的合作與融合非常需要進一步解放思想，創新制度改革思路，找到突破口。我們可以考慮讓港幣與人民幣兩套金融生態體系在粵港澳大灣區的一些自貿區並行。

港幣的離岸金融制度生態體系對中國的外循環發展非常重要，不僅是港澳，還有海南自由港及 20 多個分佈全國的自貿區，這些都屬於中國外循環當中的核心力量，但它們目前還沒有一個合適的、完整的制度生態體系。而為外循環服務的制度生態體系必須有一個載體，有一個平台，其實就像手機的操作系統，在金融領域的操作系統就是貨幣，因為所有的金融政策、監管與產品都必須建立在一個貨幣及其相關的監管體系之上。

一旦港幣在粵港澳大灣區的有限度使用與流通成為可能，會大大提升港幣作為中國海外離岸資產與財富管理平台的規模與流動

性，我們以美元計價的海外資產（包括外匯儲備）中的一部分就可以轉為港幣資產，而對「一帶一路」沿線國家的跨境貿易和投資也可以採用港幣結算，在粵港澳大灣區的港資外資銀行也可以利用其「港幣—人民幣」雙貨幣並行的優勢做好相關的「人民幣—港幣」跨境金融服務，而不必用到美元及 SWIFT 系統（這是關鍵），這對於提高中國海外資產的安全性，促進「一帶一路」戰略合作，發揮港資外資銀行的比較優勢都具有創新性、建設性的積極意義。

進一步解放思想實現香港與粵港澳大灣區的互補共贏

要實現港幣在粵港澳大灣區的有限度使用與流通，在政策層面上需要解放思想：兩種不同的金融生態體系在數字技術極其發達的今天是可以在一個物理空間共存的。我們已經有「一國兩制」，「一國兩幣」應該也可以探索。現在的數字監管技術完全可以對特定地域範圍內的機構與人員進行精準監控，建議先在前海、橫琴、南沙試點，以 QFII 和 QDII 類似的資質限定來選擇一些機構和個人，試點使用港幣在粵港澳大灣區內做離岸業務。還可以對業務範圍、交易類型、交易方式進行適當限定。充分利用數字貨幣、金融科技、金融監管科技及大數據的潛力，實時全面掌握異常交易情況，保證港幣在粵港澳大灣區的使用與流通合情合理、合法合規。兩地監管機構的合作與適當的頂層設計是成功的關鍵，包括修改法規、建立監管政策與合規程序、設計具體的離岸或跨境金融服務產品。兩地監管機構在拓展港幣在粵港澳大灣區使用與流通這個制度創新方面的合作將有助於雙方未來深度合作，幫助香港鞏固其離岸國際金融中心的地位。展望未來，以香港自由港制度為基礎的中國離岸外循

環制度生態體系可以涵蓋粵港澳大灣區主要城市（如深圳與珠海）、海南自由港以及遍佈全國的 20 多個自貿片區。

從本質上，拓展港幣在粵港澳大灣區使用與流通，與目前自貿區正在試驗的特別外匯賬戶資金池是類似的，但更容易理解與操作，也更可持續、可複製，因為它充分體現了港幣作為離岸資產定價、交易、持有及監管的系統平台功能。一旦將港幣在粵港澳大灣區使用與流通的政策與監管層面的頂層設計做好了，在金融產品層面上，可以與港資、外資金融機構溝通協商開發豐富的離岸與跨境金融產品，為實體經濟的改革與開放提供高質量可持續服務。

例如，不少中概股回歸，希望通過 H 股在香港離岸市場上市，保持其海外資產的形態。而對這類企業在內地開通港幣賬戶服務，不僅能夠使其繼續面向全球金融市場開展銀行貸款、債券、股票等融資服務，而且有利於其拓展全球業務。再比如對像港珠澳大橋這樣重大的跨境基礎設施建設工程，可以採取以港幣發債的形式，不僅能面向全球融資，而且也能使內地合格投資者通過其港幣賬戶參與投資，滿足境內企業、居民持有海外資產的意願，這對有序可控的資本項目開放及人民幣國際化也是有促進作用的。

貿易盈餘的積累是我國外匯儲備的重要來源，在以美元為主要支付結算貨幣的情況下，美元資產在我國外匯儲備中佔據相當大的比重。2018 年中美貿易戰及 2020 年初新冠肺炎疫情以來，中美關係不確定性增加，美國內部分裂加劇，美元被濫用（如美聯儲大幅度擴表印鈔及採用零利率）及美元武器化的風險大幅度上升。

在全球疫情期間，中國是最早全面恢復經濟的大國，也成為抗疫物資供應的大後方，有可能繼續維持貿易盈餘。而貿易盈餘其實就是中國的儲蓄，除了鼓勵消費，還可以考慮投資到境外的離岸資

產，如海南自由港、粵港澳大灣區基礎設施及一帶一路互聯互通基礎設施。但這就要求這些離岸資產不能用人民幣來計量、計價、持有及監管。如果不希望用美元，就可以考慮更多地用港幣，形成以港幣計價的中國海外離岸實體資產生態系統。

如此一來，我們的海外資產就分為兩部分，一部分是在不受我們控制的國外的投資，另一部分是我們可以控制的「國內海外」離岸資產。在積極的政策下，由粵港澳大灣區、海南自由港及所有內地自貿片區構成的離岸經濟生態體系的 GDP 規模可以佔到整個中國 GDP 的 10% 到 15%。這樣一個離岸經濟金融生態體系對於人民幣國際化的促進作用將會非常大，也是以人民幣為根基的中國在岸經濟內循環可以承受的。

兩幣在自貿區並行面臨的風險和挑戰

人民幣國際化最重要的就是跨境使用，有一種觀點認為人民幣國際化需要離岸人民幣的發展，我並不認同。不管離岸還是在岸，只要是人民幣，其背後的資產就是在岸資產。我們希望更多的外國投資者持有人民幣資產，包括在岸與離岸人民幣。而離岸人民幣實質上只是賬戶中暫時持有的虛擬資產形態，且隨時會發生變化，或者回流到在岸市場成為在岸人民幣資產，或者轉換成外幣變成持有離岸外幣資產。在人民幣還沒有成為像美元那樣的主要國際儲備貨幣之前，離岸人民幣市場是不容易穩定發展的。

人民幣國際化，不能只看人民幣交易市場份額大小，而應注重人民幣在岸資產全球市場定價的可靠性、流動性，也就是方便外國人以外幣購買人民幣資產。同時也需要注重方便中國人以人民幣

購買外幣離岸資產。後者短期內不容易實現，但可以港幣離岸資產為過渡，讓中國居民先嘗試持有以港幣計價、交易、持有的香港或「大香港」（包括粵港澳大灣區、海南自由港及內地自貿片區）的離岸資產。

作為一項全新的制度改革嘗試，兩幣並行必然面臨風險和挑戰，從央行的角度看，人民幣是中國的法定貨幣，推行港幣在粵港澳大灣區流通就需要在法律上允許「一國兩幣」。有些人會擔心一旦放開港幣在內地的使用與流通，會不會導致大量的資本外逃？美國會不會利用港幣與美元掛鈎的事實卡中國脖子？

回應這些風險擔憂，需要明確這裏提出的放寬港幣在粵港澳大灣區的使用與流通，並不是全方位地完全放開，而是在鄰近香港的一些自貿片區，如先在前海、橫琴、南沙小範圍推行試點，而且只是開放給特定的合格機構和個人，即有全面的資質審核，並利用區塊鏈、人工智能、大數據等金融科技監管手段將風險控制在可接受範圍內。

至於港幣與美元掛鈎的問題，我們需要明白掛鈎只是價值的掛鈎，美元匯率的變動會影響到港幣，而且香港的貨幣政策和利率會與美國一樣。但是，港幣在香港（及未來可以用港幣的粵港澳大灣區自貿片區）是自成一個獨立的監管體系，美國無法對其施加影響。在極端情況下，港幣可以與人民幣掛鈎。港幣與人民幣掛鈎與香港直接使用人民幣是完全不同的。後者就取消了港幣及建立在其之上的港幣監管及金融產品體系，實際上會消滅香港作為中國離岸資產與財富的集聚地的優勢。港幣，如果有需要，也可以與 IMF 一籃子貨幣掛鈎形成一個「超主權衍生貨幣」，其對於「一帶一路」離岸金融業務及未來去美元化，或防止美國濫用美元特權將美元體

系武器化有重要現實意義。

另外值得一提的是，當允許港幣在粵港澳大灣區合法使用與流通，實際上能夠逐步削弱地下錢莊的非法交易。在人民幣不能完全自由兌換的情況下，一部分資金會通過地下錢莊控制的在岸人民幣資金池和離岸港幣資金池來完成交易，而在交易過程中大部分資金並不需要跨境。其中的奧妙就是同一段時期內，通常會有內地資金流出到香港，也會有香港資金流入內地，當這些流進流出的資金經過同一個資金池時，會相互抵消。這也是深港通與滬港通運作的原理，實際的淨資本跨境流動是不大的。合法的金融機構通常比非法的地下錢莊規模要大，且透明度高，並必須接受監管，一定會比地下錢莊更安全、更有競爭力地管理這兩個資金池。允許港幣在粵港澳大灣區有限度使用與流通相當於將地下錢莊的風險化暗為明，便於控制和化解。

如果港幣可以在內地有適當的空間來使用與流通，那麼很多港人港企來粵港澳大灣區內地城市就變得如魚得水。同時，內地企業要做跨境及離岸業務，包括「一帶一路」的業務，也會變得比較容易，因為這兩套貨幣體系在粵港澳大灣區的同一個地理及市場空間有並行的載體平台。

香港未來的定位可以是創造及管理中國離岸財富的中心。這個定位在雙循環國家發展戰略下越發清晰。在海外的地緣政治比較複雜的情況下，整個粵港澳大灣區形成相當活躍、相當開放的離岸金融業務，非常有利於香港及整個粵港澳大灣區成為中國跨境金融和海外財富管理的中心。

（根據 2022 年「第三屆粵港澳金融發展論壇」的發言整理）

建立統一的離岸金融外循環制度體系

在離岸金融領域，中國面臨三個主要風險：匯率風險、長臂管轄風險和缺乏系統集成的風險。我們應確保海外資產安全，借鑒香港經驗，構建統一的離岸金融外循環制度體系。從系統集成及規模效益看，中國的最優方案是利用港幣離岸金融體系來統一正在形成的各類離岸市場試點。次優的方案，是在各個不同的離岸金融實驗區分別構建不同的離岸市場。如何借鑒香港來建立一個統一的中國離岸金融外循環制度體系，應對未來地緣政治風險，這是我今天想討論的主題。

我們要做的很重要的事情就是儘可能的用人民幣來計價、交易及為資產定價，不管是做貿易還是做投資，本質上應該儘可能去美元化。從整個全球趨勢來看，有一個趨勢是外國投資者持有人民幣資產越來越多，比中國居民持有離岸資產要多得多，因此，怎樣讓中國居民和企業能夠持有和積累離岸資產是一個挑戰。

為甚麼是一個挑戰？因為有另外一個趨勢，世界地緣政治在疫情之後發生了重大的變化，中美關係緊張使得美國利用長臂管轄對我們進行干預的可能性大大提升，導致跨境投資和持有海外資產變得比較複雜了。香港為甚麼重要？香港實際上為中國提供了一個完整的、相對安全的、對全球開放的離岸金融生態體系。在過去我們認為港幣不是很重要，香港太小，但是未來港幣可能會非常重要。我們可以想像，如果港幣與人民幣掛鈎，港幣直接就是離岸人民

幣。港幣與人民幣掛鈎成為離岸人民幣有一個意想不到的好處，就是它會為離岸人民幣資產提供一整套金融產品與監管體系，從貿易融資、存貸款、房貸、到股票市場、債券市場及各種金融衍生產品，都可以在離岸人民幣的範疇內形成一個完整的金融制度體系及相應的金融產品與市場生態體系。

這個生態體系為甚麼重要？因為中國的離岸資產現在放在美國不安全，放在世界其他地方也可能不安全，但是放在香港是非常安全的，特別是在香港有了《國家安全法》，及修改了香港選舉辦法之後，香港政治社會穩定有了保障。如果我們對香港整個制度體系有信心的話，建立在港幣基礎之上的香港金融體系可以作為統一中國離岸金融市場的一個基礎及樣板，將上海臨港、海南自由貿易港、粵港澳大灣區裏面的深港合作試驗區及遍佈各地的自由貿易片區的離岸金融業務整合到一個統一的、具有足夠規模及系統集成效益的離岸金融大市場。這個統一市場有甚麼好處？越來越多的外國投資者通過上海、深圳，不管是直接投資還是股票投資、債券投資，不斷積累大量的人民幣資產，將推高我們的外匯儲備，這就需要中國居民和企業花掉一些外匯儲備，把自己的一部分人民幣資產變成境外離岸資產。這個規模龐大的對離岸資產的需求正在呼喚適合中國投資者的離岸資產供給，這正是香港資本市場即使在 2019 年與 2020 年那樣動盪的環境裏還能量價齊升的原因。只有中國具有足夠的規模，可以形成自己的離岸市場，中國的超大規模經濟體，決定了我們可以擁有像香港這麼大、這麼複雜、這麼有韌性的離岸金融生態體系。而數字貨幣及金融科技給中國現在想做的統一的離岸金融市場提供了技術上的可能性及一個非常好的創新機會。

總結一下，實際上中國在國際金融領域有三個風險：

第一是匯率風險。匯率風險相對比較容易應對，只要人民幣兌美元的匯率不過度波動，匯率風險是可控的。主要的困難是如果美國有通脹的話，我們可能也要有一些通脹，包括資產通脹，但這些宏觀管理比較容易處理。

第二是長臂管轄的風險。這可能是最重要的風險，我們的很多海外資產如果因為長臂管轄出現問題，是很難處理的。這裏反映的問題是，貨幣是一種監管的媒介，如果一個合同是以港幣簽署的，其監管與執法一定是在香港的法律與監管體系下來完成。人民幣是中國監管系統的媒介，而美元則是美國監管系統的媒介，也是其長臂管轄的媒介。我想特別強調，對於中國這樣一個不結盟的大國，需要特別重視利用香港形成自己可控的離岸金融體系，而這個金融體系的關鍵就是離岸資產的計價、交易、定價貨幣，也就是港幣。港幣過去是與英鎊掛鈎的，未來有三種可能性，一種就是跟人民幣掛鈎，一種就是跟 IMF 的一籃子貨幣 SDR 掛鈎，還有一種是繼續跟美元掛鈎。需要特別強調的是，這些掛鈎其實不影響港幣作為一個獨立的監管媒介，形成自成一體的完整金融體系，裏面有存貸款、股票、債券等。這個被國際認可、完全可兌換的港幣體系對於中國來講是非常寶貴的，我們可能低估了它的重要性。

第三，缺乏系統集成的風險。在過去這麼多年的自貿區和離岸金融試點實踐方面，一個最大問題就是我們沒有辦法系統集成，很多政策都是碎片化的優惠政策，相互沒有系統性的聯繫，無法一步到位形成像香港那樣的成體系的、世界領先的金融體系。香港的金融體系不是一年兩年建成的，有很長的歷史演變過程，包括我們剛才討論的普通法體系、還有多年形成的監管制度及各類金融產品。沒有系統集成，就不可能有規模效益，而且會導致交易成本太高，

市場分割等等。所以我覺得這個風險是非常大的。

從未來發展趨勢看，除了美元、歐元、人民幣三足鼎立，還會有一些比較小規模的離岸金融體系，如香港、新加坡、倫敦，甚至日本，對三大世界貨幣體系進行相應的補充。亞洲的新加坡與香港是重要的離岸體系，對「一帶一路」、RCEP、綠色金融及中國的雙循環非常重要，需要得到足夠重視。

中國目前有條件也有需要構建一個高質量的外循環制度體系，我認為最好的方案就是用港幣來統一離岸市場。但也有次優方案，例如：海南島可以嘗試一個與東盟緊密合作的離岸貨幣體系，上海、澳門也可以嘗試一個與歐盟緊密合作的貨幣體系，而粵港澳大灣區已經有一個與美國聯繫密切的港幣體系。一定要有一個與人民幣有區別的貨幣，才能夠讓離岸的資產價值固化。因為離岸人民幣在交易途中都是不穩定的，交易完成後，或者回流成在岸人民幣，或者固化成以另外一種貨幣形態存在的離岸資產。但是，離岸資產不可能以離岸人民幣這種形式長期存在。

（根據「2021 國際貨幣論壇」的演講整理）

外循環港幣體系對中國金融開放與
人民幣國際化的貢獻

　　中國實際上有兩個金融體系：分別是內循環人民幣體系和外循環港幣體系。香港擁有中國內地最缺乏的離岸金融生態體系。前段時間香港財政司司長陳茂波提供的大量數據表明香港金融市場的規模和交易量遠遠超出新加坡。香港金融發展局主席李律仁最近也提到香港可能在明年超過瑞士成為全球最大的跨境財富管理中心。香港也是非常重要的內地企業海外上市集資中心，而公開發行股票對科技創新和新興產業有着重要意義。眾所周知，美國的科技創新主要是通過資本市場把風險與收益分散到全球股民，其中也包括美國股民。香港在這方面具有優勢，特別是吸引了一大批企業家和專業人才。香港是全球億萬富翁密集度最高的城市之一，也是大量留學生回國的第一站。可見，香港對中國金融開放與人民幣國際化起着重要作用。

港幣金融體系的重要性

　　我認為香港在人民國際化方面的重要性被低估了，這與港幣體系有關。貨幣除了作為計價標準、交換媒介和儲藏手段外，還充當了監管的媒介。人民幣體系是未來多極世界的基礎貨幣之一，外循環港幣體系作為一個完整的離岸金融體系是對人民幣體系的一

個補充，是中國及香港擁有的一種無形無價不可替代的軟資產、軟實力。港幣和人民幣目前不需掛鈎，但這也是一個可以考慮的選擇之一。如果港幣和人民幣掛鈎，港幣就成為離岸人民幣，可以豐富離岸人民幣產品的種類，包括股票、債券等風險管理功能，目前的離岸人民幣沒有這種優勢。如果港幣和人民幣掛鈎，我國就有了一整套的金融產品和金融工具來存放我國的離岸資產並管理其風險與收益。在港幣和美元掛鈎的條件下，香港積累中國離岸資產並管理其風險與收益的潛力被低估輕視了。實際上，香港所有以港幣計價資產的背後都是中國（與人民幣幣值更相關）離岸資產，而不是與美元幣值更相關的離岸資產。因此，港幣金融體系的重要性需要被重視。

香港作為維護中國離岸資產安全平台的重要性

內地對香港離岸金融服務的需求不斷增加。香港不僅是走出去的平台，還是外商直接投資流入內地的最大平台，這是香港的特殊功能。首先，在走出去方面如果沒有在香港的經驗，直接去美歐和東南亞進行投融資十分困難。其次，在引進來方面香港是 60%以上的外商直接投資的窗口。值得注意的是，按照國際支付口徑計算，我國外匯儲備遠遠大於官方儲備。這意味着很多民間資產雖然通過外貿和投資流出，但這些是中國人和中國企業在海外的以離岸形式持有的資產。這些就是我們的資本流出，以前有很多人擔心，現在也有很多人擔心，實際上不必過分擔心。20 多年前我在亞洲開發銀行研究院發表過一篇有關迂迴外商直接投資（Round-Trip FDI）的文章，指出企業通過報高（報低）進（出）口金額等各種渠

道使得部分資金留在海外的問題一直存在。表面來看這是一種風險，但從長期來看這些錢最後都作為迂迴外資直接投資回到內地，因為中國才是價值創造的發源地，這是香港一個非常重要的功能。如果我們仔細研究經常項目的數據，可以發現海關出口的數額遠遠高於最後的結算數額，其中高出的一部分就是企業留在海外的資金。由於國內的收益高，我國企業家或者出口商在海外的部分資金最後都是通過 FDI 回到內地，而這些資金能夠回到內地最重要的一個原因就是香港提供了停放離岸資產的平台，能夠按照個人和企業的需要把錢停放在香港，需要時轉回內地，而且 FDI 進入中國後可以再合法地轉出去。因為地緣政治的原因，中國企業與個人的資產在一些國家不一定安全，所以需要提供一個平台讓我們的企業和家庭能夠有一個安全的離岸資產的風險管理平台。香港可以充當這個平台，這也是香港越來越重要的原因之一。

把香港建設為維護中國離岸資產安全平台的方法

把香港建設為維護中國離岸資產安全並進行風險管理的高質量平台有兩個方法。第一個方法是通過數字技術實現香港和粵港澳大灣區其他城市的深度銜接，使香港和深圳、珠海、廣州這些周邊內地城市能夠緊密互補多贏合作，把粵港澳大灣區的很多資產變成離岸資產的同時，也把香港的開放型市場化制度滲透到粵港澳大灣區其他城市，從而實現香港離岸外循環體系的擴容。雖然香港金融很強，但金融要為實體經濟服務，而香港受市場空間、地理空間的限制，因此需要粵港澳大灣區的腹地支持。

第二個方法是迫不得已的選擇，即在中美激烈衝突的時候可以

實行港幣和人民幣掛鈎。在這種情況下港幣就變成離岸人民幣。但是這個變化短期及長期都會帶來衝擊，應該作為備案充分做好準備，需要從技術上保障港幣和人民幣隨時可以掛鈎。在中美互信良好的時候，港幣也可以和 SDR 掛鈎，這就相當於一個世界和平發展協議，中國、美國、歐洲等主要貨幣主體在 IMF 框架下合作共同建立一個超主權的國際儲備貨幣體系。

香港金融管理局的資產接近人民銀行資產的 10%，接近美聯儲資產的 6.7%，但香港的 GDP 只有內地的 2.5%，所以毫不誇張地說，香港是一個非常重要及規模龐大的離岸國際金融中心。美元體系最重要的國際支持力量之一就是香港，即港幣和美元掛鈎，加上人民幣和美元維持相對穩定的匯率，整個亞洲貨幣體系也都基本錨定美元，推動了全球以美元為中心。假如港幣與美元脫鈎，轉而跟人民幣掛鈎，對香港會有衝擊，但對美元的可信度與實用性衝擊會更大，而這也是美國不願意看到的。

港幣和人民幣掛鈎的可行性

香港銀行系統的存款結構：人民幣存款佔比為 7.5%，整個外幣存款佔比為 51.18%。香港銀行系統是開放的，其存款結構由客戶對存款的需求決定。不管港幣和英鎊掛鈎、跟美元掛鈎還是跟人民幣掛鈎，銀行存款結構都不太可能發生大幅度的變化，即使港幣和人民幣掛鈎，存款系統裏面可能還會有相當一部分是美元存款，金融管理局要保留大量美元外匯儲備。在目前港幣與美元掛鈎的情況下，港幣利率跟美國利率一致，但是如果港幣跟人民幣掛鈎，香港的利率與中國內地的利率保持一致。

即使現在港幣還是和美元掛鈎，我們也要清醒地認識到香港以港幣計價的所有資產實際上就相當於人民幣離岸資產。美國的房價相比於五年前漲了一倍，香港的房價相比五年前反而跌了，所以香港以港幣計價的資產背後的價值是隨着中國經濟的實力和中國宏觀環境的變化而變化，而不是隨着美國的宏觀環境變化而改變，雖然短期香港的利率會與美聯儲的利率保持一致。這使得我們有信心去擴大香港作為中國外循環平台的作用。顯然，從技術層面看，中國可以隨時把港幣和人民幣掛鈎，把香港變成一個離岸人民幣外循環金融體系。這就跟港幣從與英鎊掛鈎立刻轉成與美元掛鈎一樣容易。從歷史來看，由於香港是一個小的離岸經濟體，港幣一定要和一個比較穩定的貨幣掛鈎。因為現在美國還是全球最大的經濟體，所以港幣目前仍然有理由與美元掛鈎。但由於中美之間的摩擦以及美國內部政治、經濟、社會問題，美元並不是對香港好及最穩定的掛鈎貨幣。

香港離岸金融對中國金融體系的影響

從數字上看，中國開放度很低，但從實際情況來看並不是這樣。如果不把香港算進去，中國的金融體系非常不開放，但如果把香港算進去，中國金融體系非常開放。香港金融管理局的資產佔到中國人民銀行資產的 10%，如果一個國家從貨幣市場份額來講 10% 都是徹底開放的，這個國家的金融體系應該算非常開放的，所以計入香港離岸金融體系，中國金融體系是非常開放的。中國金融體系開放和人民幣國際化的目的表現在兩點：一是外國投資者可以持有人民幣資產，可以跟中國進行貿易和投資，這一點通過香港已

經成功實現，包括通過香港的外商直接投資進入中國，也表現為通過股票通、債券通和各種跨境理財產品進行投資。另一個就是中國老百姓、中國企業走出去，可以到外面投資和消費，這一點通過香港也成功實現了，而且還有很大的改善空間。

最後，需要強調的是，我們應該對中國金融體系的開放有信心。因為有了香港，中國的金融體系，即「人民幣體系＋港幣體系」，十分特殊且有巨大的優勢。

（原載《香港國際金融評論》2023 年總第 12 期）

港幣體系是國家軟實力核心資產

離岸產品體系支離破碎

香港 01：您在《用「特區中特區」和粵港澳大灣區腹地破解香港困局及粵港合作瓶頸》一文提到「離岸人民幣的產品體系相較支離破碎，也不容易有一個完整而獨立的體系」。具體而言，何謂「支離破碎」？離岸人民幣市場發展的瓶頸在哪裏？

肖耿：目前，中國人民銀行和香港當局都有推出一些離岸人民幣產品，例如存款、債券，推動離岸人民幣的使用。中國經濟體量大，對外貿易體量也非常大，現在離岸人民幣的使用主要是跨境交易，這跟美元狀況完全不一樣。美元在境外是一種儲備資產，而美國的資本市場也是一個全球市場，很多外國公司在美國上市，全世界投資者都可以在美國市場買賣。因此，美元擁有比較完備的生態體系，有豐富的金融產品等等，離岸人民幣就沒有。

另一方面，人民幣境內的產品也豐富很多，應該說已經形成比較完整的在岸人民幣市場體系。人民幣國際化有兩個部分，除了離岸市場的建設，還有在岸市場的開放，讓境外投資者去購買在岸人民幣產品，例如房地產、銀行貸款、債券等。這樣的國際化，就是「美國式」開放，參考對全世界開放的美元經濟體系。

但是，考慮到地緣政治和國際形勢，中國目前沒辦法學美國。

人民幣在岸市場不可能完全、徹底地開放，至少開放程度不太可能很快就達到美國的程度，這也是導致離岸人民幣產品非常碎片化的原因之一。例如，你在海外有了人民幣存款，但你不能買人民幣計價股票，中間會有很多限制。即使你通過滬港通、深港通投資，也是閉環的，實際上用的也不是人民幣，而是用港幣。

離岸人民幣產品體系碎片化，會導致海外持有者沒有辦法管理風險。比較一下港幣體系就很明顯了：港幣有完整金融體系，有股票、債券、外匯市場、房地產、風險投資；在香港持有的財富，會放一部分在股票，一部分在房地產，一部分在債券，可以通過投資組合去進行風險管理。

但是，離岸人民幣就沒有這種風險管理的功能，所以，離岸人民幣的產品，都是些過渡的（transitory）資產形式。投資者持有時間不會很長，要麼就轉成在岸人民幣回流，要麼就換成港幣、美元或者歐元等其他貨幣，就變成了海外資產。這也讓離岸人民幣發展歷史呈現一種特徵——隨着升貶值而流出流入。例如，人民幣有升值預期，大家就會多持有一點人民幣，但這是一種非常簡單的投資方式，都是短期的、投機的。

所以，人民幣國際化遇到的最大瓶頸，就是境外對人民幣的需求問題。你想想，為甚麼境外人士要持有人民幣？可能一些香港居民要回內地旅遊，就會兌換一些，這是經常項目下的，額度很小。在貿易項目下，其實不需要人民幣，國際貿易最通用的是美元。

我們從俄烏戰爭中也可以體會到，美國對俄羅斯實施金融制裁，俄羅斯作為能源大國，表示與其貿易要用盧布，就創造了對盧布的需求，那貿易商就要去市場上找盧布。但是中國相對開放，不會要求購買中國產品一定要用人民幣，企業自由選擇，自然是付美

元的比較多，因為美元的流動性高很多。

實際上，人民幣國際化進展緩慢，有它的道理，一方面國家沒有仿效俄羅斯那樣，有意識地去鼓勵用人民幣；另一方面，市場還是偏好美元，因為美元流動性好，金融產品豐富。

在這種情況下，港幣可以扮演更重要的角色，包括我文章裏有提到，只是需要我們有意識地培養、設計港幣在未來的角色。

港幣是國家核心資產

香港 01：接下來我們圍繞港幣來展開討論。您在文章裏提到「港幣作為監管媒介」的觀點，又提到港幣體系對國家外循環非常重要，卻被「嚴重低估」。請介紹一下「監管媒介」這個觀點，再談談「嚴重低估」的具體表現，我們又要怎麼重新審視和定位港幣體系的價值？

肖耿：這其實是我從美國和美元體系得出來的一個理論。我觀察到，美國對各個國家進行「長臂管轄」和金融制裁，當中很多是借用了美元的「監管」角色。傳統理論中，貨幣有三個功能，計價單位、交易媒介和資產儲備；我提出來，貨幣最重要的一個功能是「監管的媒介」。

我舉個例子，雙方交易簽合同，必須指明用甚麼貨幣，實際上隱含的是，合同的執行出現問題時應去哪裏解決爭議、沿用哪個地方的法律。因為貨幣是非常根本的，所有的合約、金融產品，首先都要考慮用甚麼貨幣定價。

我們可以體會到，貨幣作為監管媒介實際上是「根深蒂固」的，除了政治和法律基礎之外，就是貨幣了。整個監管機構的功能，都

是建立在貨幣的基礎上。你可以想像一下，如果實行「一國兩制」，但香港必須要用人民幣，那就會麻煩了。實際上，《基本法》裏保護港幣的地位，最重要的就是確立港幣的監管功能。

香港過去簡單化了整個問題，只是強調「聯繫匯率」，強調港幣跟美元掛鈎，好像覺得那是最重要的。但並不是的，港幣跟美元掛鈎，實際上只是一個「貨幣定價」的問題，意味着它的貨幣政策必須緊跟美國的貨幣政策。

整個邏輯應該是，強調香港監管體系是有獨立性的，其對貨幣的監管，即聯繫匯率制度，是能得到全球認可的。在此基礎上，聯繫匯率是跟英鎊掛鈎，還是跟歐元掛鈎，還是美元或人民幣掛鈎，這都是次要的。

一旦我們意識到「監管媒介」是貨幣最重要的功能，我們就會馬上聯想到，對於中國的雙循環來說，香港的貨幣體系，這個完整的國際金融體系，就變成國家外循環的一個最重要的核心資產。

香港貨幣監管體系最值錢

香港 01：這似乎就跟您提到的人民幣國際化的瓶頸，以及離岸市場發展的瓶頸相扣連起來了。

肖耿：是的。最容易去理順的思路，就是想像港幣有可能跟人民幣掛鈎。當然，我過去寫過很多文章，提到港幣可以跟國際貨幣基金組織（IMF）特別提款權的一籃子貨幣（Special Drawing Rights，SDR）掛鈎，但沒有提到過跟人民幣掛鈎。現在形勢也發生了很多變化，我的觀點也會有所更新。

我（約 20 年前）提出港幣跟 SDR 掛鈎，當時是基於中美能夠

和平相處，共同去構築國際金融體系的環境。相當於一個和平協議，大國們共同發展一個，不是用美元，也不是用人民幣，而是用幾個主要國家的一籃子貨幣的國際金融體系，由國際貨幣基金組織根據各國的經濟分佈來制定貨幣權重。到目前為止，我依然認為這是最公平、最實際，也是對全球最好的一個國際貨幣體系。

這件事情，如果從國際貨幣基金組織去推動是很難的，因為它是一個多邊組織，裏面的地緣政治因素很多。但如果從市場去推動，一個最簡單、最有效的方法，就是香港主動去擁抱全球化，擁抱和平、多贏的格局。你試想，如果港幣與 SDR 掛鈎，那麼香港的貨幣不就成了一個超主權的國際貨幣了嗎？這不就可以為香港未來的國際金融中心地位奠定基礎了嗎？

我後來在很多公開場合有提到，如果香港能踏出這一步，新加坡可能也會跟的！香港的整個地位就突出了，因為有了真正國際化的貨幣。當然，金管局不是一個全球的中央銀行，IMF 才是。但金管局可以去扮演一個市場化的操作，可以跟 IMF 配合，因為 IMF 沒有流動性，香港有。掛鈎之後，我們所有港幣的資產都屬於 SDR 流動性資產的一部分了。如果香港真的這樣做了，很多不想依附於某一大國的小型城市經濟體，例如新加坡、迪拜，都會有這種需求。這個思路，我覺得還是有可能性的，香港可以考慮作為一個備案。

不過，最近地緣政治環境緊張，我又提出來，極端情況下，港幣是可以和人民幣掛鈎的。那麼，整個香港的資產它就是離岸人民幣的資產，而離岸人民幣也有了完整的金融體系和風險管理的可能性。

當然，每一個選擇都是有利弊的。如果港幣跟人民幣掛鈎，就

會失去了跟美元掛鈎的好處。這個好處就是，認受性高，然後國際交易結算簡單。壞處就是，貨幣政策要完全跟隨美國，這是貨幣機制決定的。

我認為，香港的未來有幾種選擇。不是說現在就要去改，因為現在跟美元掛鈎也挺好的。問題的核心，不管跟人民幣掛鈎，跟美元掛鈎，還是跟一籃子貨幣掛鈎，我們香港整個金融監管制度是獨立的——它獨立於人民幣，即內地的監管，也獨立於美元，即美國的監管。

我們過去也有誤解，害怕美國要制裁香港，但它沒有辦法制裁我們的監管體系的。美國只能制裁我們的外匯儲備，因為是以美元計價的，就像制裁俄羅斯那樣凍結「充公」。它同樣可以把香港趕出 SWIFT。但是，即便它把香港趕出 SWIFT，它都不能消滅香港的股票市場、房地產市場，還有銀行。只要香港的監管體系都還在，那麼別人也可以通過其他的方式進行交易的。

即使香港跟美元一點關係都沒有，跟 SWIFT 一點關係都沒有，香港依然可以成為國際金融中心。因為香港是個開放經濟體，歡迎全世界的買家和賣家來香港進行交易。從這個意義上來講，香港對國家的作用非常重要，因為它是外循環裏成熟的制度體系。

我上課的時候問學生，甚麼是「Made in Hong Kong」（香港製造），學生都想不到，都回答甚麼菜式。我說，真正「Made in Hong Kong」的就是「Hong Kong Dollar」，港幣才是真正的香港品牌。支撐這個品牌的，是香港建基於普通法系（Common Law）的監管體系。這和西方法律制度是一致的，是全世界人都能理解的。全球投資者、消費者、交易員都願意來這裏，因為了解你的法律制度，你的貨幣監管體系，乃至於對金融產品的監管體系。

我經常說，我們香港有一塊「寶」。這麼重要的東西，我們怎麼可以忽略呢？我們自己都不知道，這不就是低估了嗎？

打破只有一家港交所的局限

香港 01：當下，香港還有一個很突出的作用，即作為離岸集資的市場去承載一些可能在美受制裁退市的中概股。您也曾指出，中國民眾、企業是需要一些離岸資產的。我很想請教一下，離岸資金、離岸市場在國際的實體經濟發展中扮演甚麼角色？香港作為離岸集資樞紐，如何參與到國家的經濟發展中？

肖耿：「離岸」的作用是甚麼？資產「離岸」意味着隨時可兌換，流動性超強。這也要求這筆資產是全球定價、市場定價的，而是沒有資本管制的。這種離岸、高流動性、全球市場定價、沒有資本管制的資產，是會有溢價（premium）的，就更加值錢。

作為比較，美國是不需要離岸市場的，因為美國是完全開放的經濟體。但是中國不一樣，中國在我們可想像的未來，10 年、20 年甚至 50 年可能都不會完全開放，考慮到國家安全和地緣政治的因素。在這種情況下，國家雖然儘可能開放在岸的金融和經濟體系，但開放程度是受限的。

另一方面，按購買力計算，中國已經是最大經濟體了。國家發展到了一定階段，一定會產生離岸資產需求的，無論是 3%、5% 還是 10%。隨着中國與世界的聯繫愈來愈多，它的外循環一定會和內循環成比例地增加，所以對離岸資產的需求也會一直存在。那麼，香港就剛好扮演了這個提供離岸集資的角色了。

例如，中國開展的跨境經濟活動，一帶一路，和東盟、RCEP

的來往，新經濟的集資，貿易往來。當然，這些經濟活動的資金安排，在中國內地現有的經濟制度裏，可以通過自貿區或者一些特殊安排來實現。但相較之下，香港有絕對的優勢。你試想，香港參與東盟、一帶一路太簡單了，銀行可以直接設到香港，也沒有關稅，在沒有疫情的時候，香港機場每天都有很多航班往來。

另外，還有風險管理的考慮，企業不希望把雞蛋都放在一個籃子裏。在岸的資產積累太多，也會想擁有一些海外的資產來分散風險。相反的，投資者覺得持有海外資產太多，也希望在中國投一些人民幣資產。再者，我們國家也會有自己的離岸資產，就是外匯儲備。

現在的問題是，這些離岸的資產放在美國、放在歐洲，在目前的地緣政治環境下不安全。人家不歡迎你，就像在中概股被迫在美國退市一樣。因此，地緣政治也造就了香港成為國家目前離岸資產最安全、風險管理機制最好的一個地方。

香港 01：您認為，從離岸樞紐的角度來看，香港有甚麼瓶頸或問題有待解決嗎？

肖耿：香港這麼好的一個地方，供給能力卻是受限。離岸金融的需求是非常大的，但是香港如何提供高品質服務？這就提出了很高的要求。我的觀點，香港是需要擴容的。

例如，股票市場熱火朝天，但是只有一個交易所。我先不說它「壟斷」，但你想想看，香港在 40 年前，四家交易所（香港、遠東、金銀、九龍證券交易所）合併成一家，那時候是可行的，因為香港是為自己服務。但現在香港要服務外循環，要服務全世界，只有一家交易所怎麼夠呢？

很多中國內地地產商在香港發美元債，為甚麼它們不發港幣債

券？因為港幣債券沒有市場，香港本地沒有債券市場，港幣債券沒有流動性，這就是供給不足。然後，美元債又不是港幣體系，國家和香港也不去監管，根本就沒有監管。

（根據 2022 年「香港 01」採訪整理）

雙循環背景下資產證券化監管的三大方向

當前宏觀經濟走勢對國家發展戰略與發展產生重大影響，通過分析疫情到中美關係，再到整個全球經濟結構調整，發現外循環在過去一年有着創新風險和政治風險，而內循環最關鍵的是要提高自身的效率和找到自己的發展方向。運用資產證券化助力經濟發展，應通過政策支持股權融資，同時必須排除隱性槓桿，藉助數字明晰產權槓桿率，以推動資產證券化。中國監管部門現在在此基礎上加上頂層設計，這樣就會保證它和我們一樣，也會不斷地學習。

國際國內雙循環背景下的經濟發展走勢

資產證券化非常重要，但同時又具有很大的挑戰性。當下對所有企業來說，最大的風險是政策風險。政策的變化是有原因的，目前最大的一個不確定性其實來自於全球。國內國際雙循環，是我們新提出來的一個政策方向。而雙循環裏面的內循環，是很容易理解的，過去我們一直加強內循環，包括供給側改革，提高效率還有監管。但目前最重要的外循環卻遇到了麻煩，過去一年，從疫情到中美關係，再到整個全球經濟結構調整，我國面臨一系列挑戰。在這個過程中，金融行業既要開放，又要加強監管，此外，國家還特別提出來要創新。為甚麼要創新？現在美國正「卡」在我們的脖子上，有些東西我們沒有辦法依靠外部獲取，必須要自己創造。但是創新

有一個問題：百分之九十以上都是失敗的，要解決創新的問題，其實最重要的是要處理風險。沒有辦法處理風險，就沒有辦法促進創新。現在我們走到了「如果不創新，如何去應對中美之間產生的壓力」的地步，形成了最大的政治風險。

中美關係為甚麼是最大的挑戰？中美之間都是有核武器的，所以熱戰是幾乎不可能的。中美之間「你中有我，我中有你」，特別是在供應鏈上，全球供應鏈的最大節點是中國，第二是美國，第三是德國，因此也不可能陷入全面冷戰。所以剩下最有可能的就是凉戰——全方位的競爭，從貿易，到經濟規模，到技術，到效率，再到社會各個層面上，中美之間已經開始了激烈的競爭。貿易就是共贏。打貿易戰對彼此都沒有好處，比如中美簽了第一階段協議後，美國對華為進行制裁，最後也傷害到美國的企業，反而給自己造成麻煩。所以貿易並不是問題，它只是一個陷阱。而規模才是大問題，因為中國的經濟規模現在按照購買力評價已經超過了美國，這對於美國而言就是一個生死存亡的威脅。畢竟規模不可能停下來，在沒有熱戰，沒有冷戰的情況下，中國的規模還會繼續往上漲。

生死存亡對美國來說很重要，所以其要在技術上同中國脫鈎，而我們則必須要持續創新。美國的效率是遠遠高於中國的，其人均GDP 是六萬，我國才不到一萬。從效率角度來看，美國只做最先進的飛機，剩下的都不會做。在效率上我們還有很長的路要去追趕，這是內循環最關鍵的點——就是要提高自身的效率。中國發展到今天很不容易，達到了小康水平，社會穩定。但是很不幸，美國現在分裂得非常嚴重，進而導致對中國的敵視和恐懼。也有部分充分了解中國的人，他們覺得在中國的城市過日子好像比美國還好。

因為美國社會分裂，我們不太容易在短期內緩解中美緊張關

係。在這一背景下，還有一個新的現象 —— 數字化。中國的數字化平台實際上超過美國。一是我們人多，具有規模效應，二是具有先發優勢。尤其抗疫過程中，數字化平台顯得特別重要，各個供應鏈平台直接可以把物資輸送到每一個城市與家庭。數字化同時也帶來了幾大新的挑戰，如何通過數字經濟，為人民幸福生活服務？為國家安全做貢獻？為世界秩序提供解決方案？一旦全球秩序受到影響時，中國作為最大的經濟體，受到的影響也最大。所有的這些，都意味着我們必須要找到自己的發展方向，這就是大致的全球歷史背景。

為甚麼美國在金融與創新方面那麼強？其中最重要的一個因素就是，美國的股票、股權市場特別發達，全民皆股。美國股民都會用自身資產大概的 5%-10% 去炒股票，最後會放在退休金裏面，合理避稅。美國股票市場所有指數，在過去 20 年一直漲。在納斯達克的股票是易進易出的，只要股票表現不好，就可以從指數中剔除。回過頭看美國指數，在裏面的都是好公司，人們買股票、買指數基本上都不會虧。所以美國刺激經濟的辦法就是刺激股市，以立刻產生財富效益。特別的，美國股票市場可以在很短時間內，集中大量資金去創造大公司。現在的微軟、谷歌、臉書等等，都是股票市場的奇跡。股票市場的機制，不加槓桿才能夠真正地吸收、分散、管理風險。像中國 2015 年的股災，最主要的原因就是我們加槓桿炒股票的投資者太多了。

資產證券化助力經濟發展

美國的股票市場不加槓桿，為甚麼會吸收風險？因為投資者持有的股票在指數裏面，指數的公司成分本身就是在不斷變化的，所

以即使投資者持有不動，長期來看其仍可以通過指數增長獲益。

這跟中國的金融體制——以銀行為主的間接融資體制形成了鮮明的對比。美國主要依靠股權市場，通過股票來融資，銀行規模比較小。但是中國的銀行規模特別大，這有甚麼問題呢？銀行出現壞賬後，最終都是由政府「買單」。所以從政府的角度來說，一直在推行資產證券化，並發展股票市場。但股票市場着實不太容易發展，過去我國的股票市場難進難出，對股民傷害巨大，很多投資者對股市失去了信心。但最近形勢發生了變化，上海、深圳所有的股票市場都採取了註冊制，易進易出，所以未來我相信中國的股票市場一定可以發展起來。

資產證券化實際上就是股票，以股票、股權的形式，才能夠真正地分散、管理，最終吸收風險。原因很簡單，如果任何一家企業或個人只用小部分收入去投資，是不用擔心的，損失了也能夠承受。如果整個金融系統都是這樣的分佈形式，那麼金融系統的風險就可以充分分散，所以現今整個中國金融改革就是朝着這個方向邁進，但麻煩之處在於，金融創新的程度是遠遠超過金融監管的。一旦有新的產品或模式出來，往往會跳出現有監管的框架。一旦有監管漏洞，就會出現系統性風險，而監管部門由此加強監管，又會產生政策風險。

實際上推行資產證券化的背景，以我的理解是銀行加強監管。中國的各大銀行在管理和處理風險上的能力是最強的，但由於監管機構特別敏感，迫使很多業務被擠出到「影子銀行」——各種各樣的非標金融機構。實體經濟需要融資，從整個亞洲的經濟發展歷史來看，其中最重要的行業就是房地產。中國的房地產行業融資水平很低，在美國買房子，首期只要付 1% 到 5%，而在中國則要

30%，甚至很多都是全款，金融深化程度嚴重不足。我們的問題是監管滯後於創新，創新滯後於實體經濟的需要，導致我們現在的處境非常尷尬。明明有很多事情可以做，但就是因為某些條件不匹配，做不了。在金融科技快速發展的情況下，是否可以解決監管的問題？監管的問題在哪裏呢？這就是我講的最大風險 —— 政策風險，政策風險來的時候很難規避。所有監管的最終目的是甚麼？避免系統性風險。所有的系統性風險最關鍵就是看不見的槓桿率，監管看不到槓桿時就會說：「你不能走，給你一個很高的比例。」所以現在我們面臨的挑戰是，必須具有逆向思維。

各位在第一線，要幫助監管部門把你們的實力和弱勢摸清，把槓桿看清，讓政府相信沒有必要施行高壓監管，同時風險是可控的。在這種情況下，大家才可以通過資產證券化真正幫助到實體經濟。我提出政策支持股權融資，但是必須排除隱性槓桿；藉助數字明晰產權槓桿率，推動資產證券化。中國的金融深化還有很多很多的機會，像剛才舉的例子，整個美國乃至歐洲，房地產的金融深化遠遠超過我們。

我國未來資產證券化的發展方向

從未來的發展來看，我認為市場競爭就是直接融資和間接融資的競爭。很明顯，直接融資會越來越多，關於監管與創新的平衡，中國的體制好就好在頂層設計，加上摸着石頭過河，基本上保證了中國的監管機構會和我們一樣在不斷地學習。

最後，我想講一下怎麼借鑒香港金融體制，去推動中國離岸市場證券化。中國的在岸金融 —— 以人民幣為主的金融體系，因為

規模龐大，所以發展要花很長的時間，任務非常艱巨。但很幸運，我們在香港有一個最現代化的金融體制，即使在香港動亂，和今年疫情席捲全球的情況下，香港也沒有受到太大影響，而且對其提供離岸金融服務的需求不降反升。我國海外上市公司回到國內，首選香港上市。香港也是很多美元債的市場，它的金融體制實際上就是中國的離岸金融體系，這一點對於粵港澳大灣區來說是非常有利的，我建議要把香港的金融體制充分利用起來。

國內的金融體系是河水，香港是海水，雖然海水跟河水是不通的，但在粵港澳大灣區挖一條運河，兩套體系可以並行。香港的金融機構可以到粵港澳大灣區其他城市來發展，同時接受香港的監管，我們可以親眼看到香港的金融體系是怎麼做的。早在2000年至2003年期間香港就開始推行REITs，有大量的經驗，把香港的體系引進自貿區後，實際上把整個香港的物理空間和市場空間擴大了，我們就可以用港幣做資產證券化業務，包括房地產領域，如REITs等等。

所有以港幣計價的金融產品都是我們的離岸市場，也就是我們的外匯儲備。在中美關係緊張的時候，只要我們利用好香港的體制，不光可以解決香港的問題，而且使得我們自己有更多的先進技術作為參考。過去十年，香港的股票市場超過所有美國市場，也超過深圳加上海兩個市場，而且60%的外商投資進入中國內地都是先經過香港，所以，香港是一塊寶地，我們得考慮怎麼把它用好。金融是一個生態體系，改革不可能囿於碎片化。香港經歷了亞洲金融危機、全球金融危機等上百年的磨煉，許多經驗都非常值得我們借鑒。

（根據「2020 ASFI 中國資產證券化金融創新大會」的演講整理）

第三章

城市羣的雙體系

內地應對標香港建設世界級開放城市羣

從全球發展趨勢看我國金融城的定位和突破口，整體而言，我認為定位需要升級，而突破口方面有一些可操作的建議。

18年前，我加入香港證監會，有三年的時間主要工作是做香港金融市場和中國金融市場的融合，包括 QDII，QFII，還有現在的滬港通、深港通、債券通等。據我觀察，通常一些創新大膽的政策從概念到落實要五到十年時間。大概十年前，我參與領頭做一個上海國際金融中心建設的政策研究，到現在，上海雖然進步非常大，但是仍然存在發展瓶頸，該瓶頸與目前青島遇到的發展障礙是類似的，因為金融開放與改革需要得到中央監管部門的同意及支持。

現在中美貿易的糾紛、貿易戰的威脅以及全球其他國家對中國的發展有了新的要求，主要是要求中國進一步開放。另外新技術，包括數字金融、人工智能，還有很多其他領域的顛覆性技術創新，也形成了新的競爭壓力。所有世界級城市都在這些領域爭奪人才資源。而金融在這些競爭中扮演非常重要的角色，能不能在這些領域啟動及維持創新項目，主要在於風險投資基金及其相關的市場能否有效運作。

此外，全球貨幣、金融及貿易體系，現在都出現了嚴重裂縫。美元獨大而其政策不穩定對美國、歐洲及新興市場經濟體的穩定發展形成挑戰，包括最近對新興市場貨幣及港幣的衝擊。人民幣匯

率、跨境資本流動，及外匯儲備安全也遇到了新挑戰。特朗普的全球貿易戰更是威脅到世界貿易組織體系。由於港幣跟美元掛鈎，香港的貨幣政策與美國的貨幣政策一致。但是香港的實體經濟跟全球都有聯繫，跟國內的聯繫更多，這就導致香港貨幣政策其實與它的實體經濟並不匹配。

另外，在中國、美國、歐洲各個經濟體內部也出現了一些嚴重的結構性問題，如收入不平等、環境問題、債務問題等。這些問題最後都影響到資產定價及風險管理的問題。

從目前全球形勢來看，中國的金融開放和改革的定位需要升級，突破口需要落實。怎麼辦呢？我最近在做粵港澳大灣區自由港、自貿區及其與香港融合問題的研究，我認為中國有需要在目前階段對標香港，迅速建立一批世界級開放城市羣。為甚麼呢？西方對我們的所有要求，實際上在香港都已經實現。我們的特區、實驗區、自由港、自貿區也有條件可以迅速學習及複製香港的營商模式與生活方式。因為中國的經濟體太大，我們的沿海一些重要城市，包括青島在內，實際上可以先行先試，成為中國的國際城市，也就是中國的離岸經濟，既是中國的，也是世界的。在中國歷史上，廣州、上海、香港，還有青島是最早中國與西方接觸的地方，當時都屬於中國的開放離岸經濟體。而這些地方目前都是中國經濟最開放、最市場化、最國際化的世界級城市。進一步大膽開放，在中國的沿海及邊境地區建設一批世界級開放城市，可能是中國與世界更好融合的一個突破口。

在這些開放的世界級城市，金融城、金融街為甚麼重要？因為金融市場與資源配置有關，與資產定價有關，與風險管理有關，最後還與公司治理有關。如果這四個方面的問題解決不了，金融不會

發達，市場經濟也沒辦法做好。但這裏面還需要加上一條，就在目前的形勢下，這四個方面的功能都必須在全球化的背景裏面展開。資源在全球市場配置，資產在全球開放市場定價，風險在全球市場背景下管理，公司治理知識產權等也必須考慮全球制度環境。

我們的金融城發展局限於國內市場不夠發達，其必須能夠在開放的國際市場進行定價。也就是說我們所有的金融城發展，必須要對標香港，而香港實際上是對標紐約、倫敦。金融城的發展，本質上是國家發展戰略，這就是為甚麼我到各個地方的金融城，跟金融辦的朋友交流，他們說來說去就說這個不行那個也不行，因為中央監管機構不允許。很多地方的實驗，在基礎設施方面可以很快完成。房地產都蓋起來了，但是裏面做甚麼呢？看不清楚，因為要由國家政策來定，金融城的發展必須與國家戰略聯繫到一起。我仔細讀了一下國家支持青島發展金融城所給的 60 條政策，我認為非常好，實際上這些政策體現的就是國家的核心發展戰略，其中就包括了怎樣讓中國的資本項目逐步開放，怎樣和香港、台灣接軌，還有怎樣跨境投資。

現在的問題是怎麼落實，這其中最關鍵的有三個問題。第一個問題是在金融城的運行中，我們需要在國家層面保持人民幣匯率靈活性，但為了控制系統性風險，人民幣匯率不能升太多，也不能貶太多；第二個問題是資本賬項必須要開放，但又不能開的太快，而且要有序，要守住系統性風險的底線；第三個問題是在這個開放的過程中，背後的博弈與挑戰與人民幣、美元及國際貨幣基金組織一籃子貨幣 SDR 在未來國際貨幣與金融體系中的角色有關，也就是如何改善國際貨幣與金融秩序。

剛剛講的是全球經濟金融發展的形勢，我們最近在研究非常具

體的金融中心發展政策、監管與產品問題，也就是金融城發展突破口在哪裏的問題。這裏我簡單介紹一個思路，最重要的是中國的世界級開放城市中的金融城如何相互合作與競爭，形成一個以超主權一籃子貨幣 SDR 為基準，可以對國際貨幣秩序及「一帶一路」發展作重要貢獻的開放型國際化金融生態體系。具體有如下幾條建議：

中國金融機構通常在離岸發美元債，我認為今後我們不應該再發美元債，而應該鼓勵發基於一籃子貨幣的 SDR 超主權貨幣債，並鼓勵包括大宗商品交易市場等在內的金融市場用 SDR 一籃子貨幣計價。昨天晚上有外國專家提到商品交易市場在青島有前途，但我認為核心在於國際化，尤其是考慮以未來的超主權貨幣 SDR 作為中國離岸商品交易的計價貨幣。這裏很重要的一個突破口是發展 SDR 債券市場，中國的大型金融機構要發人民幣債但也要發離岸 SDR 債，為改善國際貨幣金融秩序做關鍵貢獻。

那麼，誰來買 SDR 債券？主要是中國老百姓，其財富積累太多太快，但都是人民幣，而他們未來的消費有相當一部分會是境外的產品與服務，因此需要逐步積累離岸外匯資產。我們正在研究，老百姓將來可以通過金融科技、區塊鏈技術買一籃子貨幣的離岸債券產品。這種具有中國特色的債券可以設計成有一年、兩年、三年或更長期的鎖定期。在鎖定期內不能賣出，但鎖定期後可以在離岸市場自由買賣。這個產品為中國家庭未來小孩子留學及配置海外資產提供了一個非常穩健的市場發展框架，使得我們的資本項目開放可以非常透明有序地通過開放城市實現。

我來自香港，對香港非常熟悉。我認為中國的金融城需要學習香港、複製香港的營商環境及生活方式。香港模式為甚麼重要？因為香港是一個完全自由的國際化的世界金融中心，而且港幣目前跟

美元掛鈎，是硬通貨幣。未來港幣如果跟 SDR 一籃子貨幣掛鈎，香港所有的金融資產都將變成以 SDR 超主權貨幣為計價單位的在全球範圍可交易可流動的資產，這就是中國其他世界級開放城市需要學習複製的。未來最終發展目標就是讓中國一些沿海發達開放城市的金融資產可以在全球金融市場定價，也與香港的金融資產一樣，成為全球的硬通貨。這對於中國未來的實體經濟，特別是創新型經濟體的發展非常重要。中國金融開放最終是為實體經濟服務的，包括為實體經濟產品及要素在全球市場定價及有效配置。

最後，我這裏提到的開放型世界級城市，特別是所謂的離岸金融城，並不需要物理上去設置像香港和內地之間的一個邊界，而是通過區塊鏈等數字金融科技，設置電子圍欄。這一設想從監管和技術層面是可以做到的，也就是說，金融城不需要設立物理的路障及關卡也可以實現對外開放。

（根據「2018 中國財富論壇」的發言整理）

港深聯手共建國際金融中心羣

雙體系強強聯手，發揮獨特優勢

關於「國際金融中心羣」，過去我們的概念就是，國際金融中心只能在一個城市，但是現在有數字金融，而且金融科技非常發達。在這種情況下，特別是在粵港澳大灣區實際上是有兩套金融體系，一套是香港的以港幣為基礎的離岸金融體系，在內地還有一套是以人民幣為基礎的在岸金融體系，（港深）有一種可能就是可以共建國際金融中心羣。

在人民幣國際化方面，香港處理全球約 75% 的離岸人民幣結算業務，是全球規模最大的離岸人民幣業務樞紐。

二十世紀九十年代以來，香港資本市場逐漸成為內地企業重要的境外融資中心，公開數據顯示，截至 2023 年 1 月，內地企業在港上市數量達 1419 家。2021 年和 2022 年，香港交易所（港交所）首次公開募股（IPO）集資總額分別為 422.97 億美元和 127.04 億美元，均居全球第四位。

而在 2018 年，港交所推出香港回歸祖國以來最大的上市制度改革，允許未能通過主板財務測試的生物科技公司、擁有不同投票權架構的創新產業公司和在海外已上市並尋求二次上市的大中華及國際公司在港上市。

對此，港交所行政總裁歐冠升曾形容為「改變了港股市場的DNA」，自改革實施以來，已有 200 多家新經濟公司在港交所上市，其中內地企業佔 178 家，推動香港成為全球領先的生物科技融資中心。

在「一國兩制」的情況下，香港是完全開放的，也非常國際化、市場化。香港像一塊吸鐵石，從國際市場還有全球工業來講，很容易融入到其他經濟體。

深圳的優勢在於深圳剛好在外循環和內循環銜接的地方，深圳河以南就是外循環，以北就是內循環，內循環和外循環之間是需要銜接的。

作為我國經濟特區和先行示範區，深圳以金融業為戰略性支柱產業，與北京、上海並列為內地金融城市「第一梯隊」。

深圳市地方金融監督管理局局長何傑曾在採訪中提到，深圳金融增加值增速居一線城市首位，近兩年平均增速 8.3%，2022 年首三季度增速達 8.7%，高於全國（5.5%）及全省平均水平（8.3%），佔同期 GDP 比重達 16.2%。而近三年，金融業稅收保持在深圳全市總稅收的四分之一，居各行業首位。

如果說，香港作為全球離岸人民幣業務樞紐，主要發揮離岸市場優勢，深圳作為內循環體系，則主要是發揮吸引內地人民幣資源優勢，為人民幣的交易、投資、支付、結算創造巨大需求。相關數據顯示，2021 年深圳跨境人民幣收付規模突破 3 萬億元人民幣，人民幣在深圳跨境本外幣收支佔比亦提升至 47.5%，成為深港間第一大跨境支付貨幣。

深港之間如果能夠深入合作，就可以一起來共建內外循環緊密銜接的國際金融中心羣。

在金融科技領域，迸發新活力

港深作為粵港澳大灣區的「雙引擎」，在香港回歸祖國的這 25 年間，早已在方方面面形成合作無間、強強聯手的關係。

尤其是在金融領域，「深港通」自 2016 年 12 月 5 日正式啟動以來，截至 2022 年底，累計交易金額已達 58.9 萬億元人民幣，其中深股通累計交易 47.2 萬億元人民幣，港股通累計交易 11.9 萬億元人民幣。

「跨境理財通」在粵港澳大灣區試點逾一年，據人民銀行深圳市中心支行披露，截至 2022 年 10 月 19 日，粵港澳大灣區內地試點銀行累計開立「跨境理財通」業務相關賬戶 50167 個，辦理資金跨境匯劃 15.61 億元人民幣，當前以深圳地區開通「跨境理財通」的業務量在整個粵港澳大灣區佔比近四成為最高。

在產業合作方面，據廣東省政府數據，截至 2022 年 4 月，前海合作區累計註冊港資企業達 1.19 萬家，而在 2021 年，前海合作區在地港資企業數量同比增長 156%，實際使用港資佔前海實際使用外資 93.8%，包括滙豐、恆生、東亞、周大福、港鐵等一批知名港企紛紛落戶前海。

香港作為國際金融中心背後的實體經濟主要是在粵港澳大灣區，所以對深港合作就提供了一個非常重要的理由。如果沒有深圳還有粵港澳大灣區其他城市的支持，那麼香港的實體經濟就比較空洞化了。

金融科技潛力大，優勢互補超紐倫

深圳有非常雄厚的供應鏈和研發能力，人口亦已經遠遠超過香港，所以深圳在數字化的情況下，很容易跟香港配合。

在最新一期全球金融中心指數金融科技專項排名中，香港與深圳雙雙衝進全球前十名，充分彰顯這兩座城市在金融科技領域中正在迸發新活力。

目前，香港有逾 600 間在不同領域發展的金融科技公司，包括與金融科技相關的實驗室、八家虛擬銀行、四家虛擬保險公司和一家虛擬資產交易平台。

此前，特首李家超亦在其發表的任內首份《施政報告》中提到，未來將不斷提升香港的金融科技競爭力。財政司司長陳茂波曾對香港金融業的變革發表見解：未來香港金融業的最大增長潛力，將在於金融科技。

而深圳更是內地最早關注和支持金融科技發展的城市之一，至今已形成較為完整的金融科技生態體系，包括央行數字貨幣研究院落地深圳；作為全國率先開展數字人民幣試點的城市，深圳不斷創新數字人民幣應用場景，現時已有超 130 萬個應用場景；稍早前結束的第 24 屆高交會上，多項來自深圳的金融科技成果閃亮登場。

深圳的實體經濟非常強大，而且通過數字經濟可以很容易和全球的供應鏈緊密聯繫在一起。

目前而言，只有分別代表歐洲經濟和北美經濟的倫敦和紐約，可以稱得上是全球金融中心，但若把香港與深圳兩地的金融業增加值、金融市場、金融總部機構等指標「簡單相加」，則在不少金融領域都能超過倫敦與紐約。地理上深圳的河寬度大概只有 50 米，

「港深就應該是一個城市」，所以兩座城市的產業結構分開來看都會是不平衡，但如果相加來看，就有條件可成為實力超強的「全球金融中心」。

（根據 2022 年《香港商報》採訪整理）

雙體系並行重疊的銜接作用

很多專家都在按照歐盟「一體化」概念提港澳和內地「一體化」。他們認為：歐盟是不同的國家，都可以一體化的，港澳和內地是一個國家，為甚麼不能一體化？這是非常嚴重的誤解。粵港澳大灣區是制度多樣化與制度創新的沃土，但需要用兩個不同的複雜開放大系統的思維框架。

香港有完整的基於港幣的離岸市場制度體系，而內地是人民幣的在岸市場體系，如果說人民幣體系是「河水」，港幣體系就是「海水」，粵港澳大灣區即為兩者之間的銜接帶。銜接帶最重要的功能在於銜接，兩套體系要同時在一個物理空間並行重疊才能起到銜接的作用。

從整個粵港澳大灣區乃至國家的層面來看，香港地位關鍵，應該在國際舞台扮演更重要的角色。深港合作不可以走一體化，而是需要雙體系並行、重疊、銜接。內地巨大的市場空間和能力，可以幫助香港解決其社會問題（如住房與就業），這樣不僅使得香港離岸經濟可以擴容，也讓粵港澳大灣區在國際化方面受益。粵港澳大灣區需要利用香港的制度優勢，從全球吸引和培養頂尖科技及金融人才。

從國家的角度，澳門應該保持它的行政區劃和地方管理機制，但經濟金融制度應該用港幣體系，香港人到澳門去從來都是用港幣，港澳經濟是可以一體化的。

香港和內地的關係可以看作是雙循環中最關鍵的銜接點，在雙循環發展中，實際上我們遇到的挑戰是在外循環。而香港作為離岸的自由港，就完全在外循環裏面，對中國非常重要，香港未來對中國的價值會比過去40年更重要，是中美在金融、科技和人才競爭方面最有效的不可替代的平台。

要把粵港澳大灣區看成內外循環的銜接帶。為甚麼強調銜接？我們無法「對接」，香港有一個非常完整的但與內地不同的監管體系。為甚麼強調監管體系？貨幣是監管的媒介，以港幣為基礎簽的合同，註冊成立的公司是受香港的監管體系監管的，不受美國監管，港幣與美元掛鈎只是一個定價。

現在我們提出的人民幣國際化，推離岸人民幣產品都是支離破碎的。為甚麼這樣說？要跟港幣體系比較，港幣的實體資產基本是在香港和內地，港幣有一個完整的離岸金融產品體系，包括港幣的房地產貸款、港幣的股票、港幣的債券，形成一個完整的金融產品市場體系。這個體系對風險管理極其重要，沒有這個體系內的各類產品之間的交易及對沖，就沒有市場。

貨幣除了作為計價單位、儲藏價值、交換媒介三個傳統功能外，還有一個非常重要但被忽略的功能：監管的媒介。香港整套以港幣為監管媒介的金融體系和商業體系對中國的外循環發展具有重要的、不可能替代的特殊價值，這是目前被嚴重低估的。我們不僅需要認真考慮怎麼樣將香港的體制為我所用，而且要考慮怎麼樣在「一國兩制」下，進一步完善香港被全球接受的法律制度、商業體系、監管體系，讓其為我們的外循環服務。香港的貨幣與商業體系具有國際親和力，不僅是在國際上被接受的，也是被國內接受的，擁有香港這麼一個完整的離岸體系是很不容易的，我們要充

分用好它。

香港真正有競爭力、真正有利潤、真正做得好的就是股票市場，股票市場裏主要是上市集資功能強，香港 IPO 上市集資體量超過上海、深圳兩個交易所之和，也超過美國所有的交易所之和，這是真正的優勢，反映了香港是創造及存放中國離岸資產的最佳平台。

美國不鼓勵中概股上市，很多回流到香港，因為沒有別的選擇，這些企業需要離岸資產。中國企業對離岸資產的需求是非常旺盛的。在岸人民幣資產迅速暴漲，如果假設離岸資產與在岸資產的比例維持在 5%，離岸資產也會暴漲。但是我們沒有能力找到安全的離岸資產存放地，美國、歐洲、新加坡都不一定安全，最安全的離岸資產存放地就是在香港。但很可惜，香港除了股票市場之外，債券市場規模太小，因為香港政府既無內債又無外債，長年積累的財政盈餘最高時達到兩年八個月。由於香港政府不需要發債，港幣債券市場很小，導致內地的房地產企業到香港發債，通常發的是美元債，美元債的利率非常高，主要是規避國內的監管。

要利用粵港澳大灣區來解決內外循環的銜接問題。過去銜接為甚麼不成功？因為老想將香港與內地的體制對接，當作歐盟內各國之間的監管互認。歐盟體制內各國監管互認是在不同國家都用歐元的條件下進行的，這是可以的，但是在深港之間、港澳和粵港澳大灣區的內地城市之間是沒有辦法實行監管互認的。香港是海水環境，內地是河水環境，海蝦到河水裏怎麼生存？目前的監管互認只是允許香港企業可以在內地經營，但只能做人民幣業務。外資銀行在華市場佔有率只有 2%。

香港和內地是兩套完全不同的體系，就像用不同的電壓系統，

我們需要的是銜接器、轉換器，而不是規則對接，實際上是規則沒法對接的。要實現深港之間的協作發展，非常重要的是要認識到必須在「一國兩制」的前提下，必須在離岸經濟體和在岸經濟體嚴格區分下才能進行。

粵港澳大灣區金融業現在很多合作項目是推互聯互通，把離岸和在岸連起來，但這兩個體系是不可能徹底打通的，因為本質上是不一樣的體系。香港作為國際金融中心，對我們是這麼重要，但其發展面臨挑戰。當香港財政司司長在檢查香港的預算時發覺，由於2019年動亂、2020年和2021年的疫情，香港財政的花銷很大，但收入不夠，找來找去，只有股票交易稅的稅收在上升，因此建議提高股票交易稅的稅率。但我們要看到背後的問題，香港有26%的貧困人口，就是因為只有金融業賺錢，只有股票市場發展，然後帶動房地產市場，但高房價卻把其他所有產業都趕出去了。這個空洞化的產業結構是畸形的，直接導致社會收入的不平等。香港政府自己定的貧困人口標準是一個月5000港元，在沒有進行轉移支付之前，貧困人口官方數據是26%。這個根本問題再加上美國的壓力，導致了2019年的動亂。我們必須找到12個月能見效的，能從根本上解決香港社會問題的方案。

香港提出來開發深圳河以南300平方公里的北部都會區，300平方公里相當於香港的三分之一陸地面積，按計劃，那裏要住250萬人口，而現在那裏基本上都是魚塘和農田，以及一些原住民。250萬人口就是香港的貧困人口規模。如果香港按照目前的慣性，要在北部都會區蓋大量的居屋，從國際經驗來看，把窮人圍在一起通常會有問題。我覺得這些都是需要考慮的，必須把香港問題徹底想清楚，香港問題不解決不僅影響到香港，影響到中美之間的競

爭，也影響到粵港澳大灣區，特別是深圳未來的發展。

我現在提出一個新思路，應該可以顛覆性地改變目前的狀況，就是要發揮粵港澳大灣區巨大腹地的作用，幫助香港解決其內部結構性問題，然後再在整個粵港澳大灣區的支持下，把香港和深圳推向國際，把香港國際金融中心變得更完整、更有競爭力和親和力、而且有足夠的腹地支持。世界上的國際金融中心都是有腹地的，在曼哈頓工作的人大部分不會住在曼哈頓，會住在周邊的新澤西州和紐約州的其他城市，東京和舊金山也是這樣，但香港就沒有腹地。深圳是有巨大腹地的，深圳的人口來自全中國，有的也住得很遠。解決香港問題最根本的辦法是要給香港腹地，但是這個腹地不能是飛地。我們要意識到，香港真正的優勢在其商業監管體系。內地講的銀行問題、房地產商問題、中小企業問題，在香港都不是問題，香港經歷了這麼多風雨，沒有聽說銀行、房地產商、中小企業有甚麼大問題。為甚麼？說明香港的市場體制是有優勢的，是經過市場檢驗的，優勝劣汰，剩下的都沒問題。

我的政策建議非常簡單，就是要讓香港的體制跟內地的體制在粵港澳大灣區也就是在深圳、珠海、南沙這些香港周邊城市，並行重疊，並行的意思就是剛才講的允許兩套體系同時運作，有重疊才能真正銜接（你中有我，我中有你）。重疊的基礎與機制是甚麼？我們的監管思路要從傳統的行政區劃、物理區劃為基礎的監管轉化為對市場主體（企業和個人）的精準監管，這個在技術上由於數字經濟已經成熟可行。我們的數字技術已經可以做到精準監管，對每個人、每個企業可以採取不同的監管方法，我們應該允許香港的符合資格的機構，比如說一些學校、醫院、銀行、福利機構，在深圳、珠海、南沙，完全按照香港的監管，香港的體制、香港的貨幣

運作。就像香港的制度體系有一個「氣泡」延伸到內地所謂的內外循環銜接帶，也就是目前的試驗區。這個政策建議如果能夠落地，可以顛覆性地改變整個香港和粵港澳大灣區的產業結構、競爭力和親和力。香港的短板是沒有足夠的物理及市場空間，很多跨國公司希望來香港，但因為實在太貴，所以就不去了。

按照我的思路，雙體系通過氣泡的方式在銜接帶並行重疊，允許跨國公司在這些銜接帶落地，並按照香港商業制度運作。可以想像，許多跨國公司可能都有興趣來這裏，帶動香港和粵港澳大灣區各個產業的復興。這個為甚麼重要？過去我們希望幫助香港和澳門，但橫琴、前海、南沙，基本上是建基礎設施和房地產。連香港北部都會區也是建基礎設施和房地產，都沒有去想這房地產給誰用，這些人和企業來了幹甚麼，按照甚麼制度運作？

兩套體系通過制度氣泡的方式在香港周邊城市並行重疊方案落地，對解決香港深層次問題及粵港澳大灣區國際化非常重要。如果香港居民在深圳、珠海、南沙可以得到他們在香港享受的一切服務，又可以住在內地任何地方，他們生活與工作的選擇的空間一下子就變得無限大了，才會感受到祖國好，在這種情況下香港的貧困問題就可以化整為零被粵港澳大灣區巨大的腹地消化了，這是不是就從根子上解決了香港長期積累的深層次矛盾？我不能說所有香港的貧困人口都願意來深圳，但如果我們不給他們這個選擇，讓香港自己解決問題，香港會筋疲力盡、束手無策，最後香港會忘記自己真正的優勢，香港的優勢是要成為國家的穩固的國際金融中心，要跟東盟、「一帶一路」做很多離岸業務，但是目前香港的精英一天到晚忙着炒股票、炒房地產，哪裏有精力考慮東盟和「一帶一路」？內地企業有很多興趣，也有很多資源，但是他們沒有香港的開放、

國際化與全球對接的離岸體系。

　　如果香港的制度氣泡可以延伸到整個粵港澳大灣區，相信可以吸引全球的留學生、華僑、企業和外籍人才到粵港澳大灣區落戶。粵港澳大灣區不僅需要有競爭力，還要有親和力。香港的人口 10%是外籍人口，外籍人口對了解真正的中國起了非常重要的作用。如果粵港澳大灣區的外籍人口可以達到 5%，我相信中國的對外親和力會大大增強。

（根據 2021 年「金融開放與人民幣國際化學術研討會」的演講整理）

深港融合發展，
前海在岸離岸雙生態體系建設尤其重要

前海和橫琴合作區《方案》出台，對前海金融業對外開放作出了重要部署，聚焦之一是以深港金融合作為主線，全面提升與港澳金融合作水平。前海在深港合作方面取得了重要進展，截至目前已完成了一流的基礎設施建設，前海的優惠政策也吸引了不少香港知名金融機構進駐。未來，前海要進一步升級制度創新，加強在岸離岸雙生態系統建設。

良好的制度生態環境和規模效應才能形成金融競爭力

南方日報：前海合作區方案已經出台，您如何看待前海這些年的發展？中央已明確前海「擴區」和「深化改革開放」，您覺得中央為甚麼要選擇在這個時間點明確「擴區」一事？

肖耿：深港的金融合作可以說是優勢互補。香港具有成熟的現代金融制度體系，是離岸經濟的基地，但是物理與市場空間有限，房價太高；前海背靠深圳這樣一個科技創新之城，擁有內地巨大市場，但在金融制度生態體系建設方面剛起步。

總體看，前海和香港的金融合作在過去這些年來取得了重要進展，截至目前，前海已完成了一流的基礎設施建設，擁有了一流的硬件和規劃，前海對外資機構的優惠政策也吸引不少香港金融機構

進駐。從前海金融機構的註冊資本和稅收來說，深港金融合作交出的成績單很不錯。

但是，我們也要看到，前海在金融領域的制度生態系統建設仍處於起步階段，相關的特殊政策只是類似於自貿區。最重要的是，與香港完整的金融制度生態體系相比，目前前海金融制度生態系統遠沒有達到規模和集成效應。

前海的金融業要發展，一定需要擴容。金融發展需要良好的制度生態環境和規模集成效應，才能形成競爭力。目前來看，前海規模太小，擴容可以突破物理空間的局限，但市場空間需要與河套深港合作試驗區，及未來的香蜜湖金融新區聯合，彼此既有分工，又有合作，最終形成深圳國際金融中心羣的規模與集成效應。

南方日報：擴區會對前海帶來甚麼要求？

肖耿：擴區會對前海的創新帶來更高要求，包括在金融科技與制度創新領域的務實創新。

前海的定位是「特區中的特區」，前海、橫琴目前基本都是在岸經濟，離岸經濟有限。現在設立這些試驗區，就是要把香港的離岸金融的制度生態環境延伸到前海、橫琴、河套、香蜜湖甚至整個粵港澳大灣區內的各種試驗區。

因為地緣政治的原因，外循環需要一個比較牢固的離岸資產基地。香港雖然具有離岸優勢，但面積小，面臨供給瓶頸，此次前海擴區可以幫助香港擴充物理空間，同時保留其制度空間，有利於鞏固香港的離岸金融地位。深圳主要是在岸經濟，香港完全是離岸經濟，二者不一樣，需要一些特殊安排讓這兩套制度可以在「特區中的特區」並行，以便加強外循環，及確保內外循環的銜接。

升級制度創新，加強在岸離岸雙生態系統建設

南方日報：加強外循環，前海在金融領域最需要做的功課是甚麼？

肖耿：前海要升級制度創新，加強在岸離岸雙生態系統建設。香港離岸的存款、股票、債券是在同一個系統內運作，而前海尚未形成一個系統的可以與香港對接的離岸制度環境。

目前看，金融是前海最重要的產業，佔前海稅收收入近半，在前海各行業中連續五年居於首位，前海也正在打造深港國際金融城。這張成績單不錯，但從另一角度看，前海目前除了金融業進駐，其他服務業還沒有發展起來。前海金融業的規模也太小，在金融制度生態體系建設方面的挑戰仍然較大。

此外，前海的離岸金融制度創新需要突破。滙豐銀行入駐前海後，只能做在岸業務。但隨着中國對離岸業務需求的增加，希望制度創新突破，讓外資機構將來也能在前海做離岸業務。依靠制度創新才能讓前海一流的基礎設施，包括頂級高樓大廈，有效地用起來。此外，頂級金融機構需要會計師事務所及與高端人才配套的各種服務，才能形成一個生態系統，這才是前海擴容的內涵，目的是吸引國際金融高端人才與機構。

南方日報：前海如何才能吸引更多的國際金融人才？

肖耿：前海需要做離岸經濟，要學香港，把香港的相關制度延伸到前海這樣的試驗區。我在香港住了 30 年，從硬件上來看，前海和香港沒有甚麼區別，但制度不一樣。

未來，對以港幣計價的離岸資產的需求會越來越大。前海如果營造出了一個良好的離岸金融制度生態系統，允許香港的金融機構

把很多部門設在前海，全世界的人才都會過來，離岸金融的制度和文化也會進來。

深港未來在綠色金融、金融科技等領域的合作空間較大

南方日報：前海的許多金融創新都與香港有直接關係，隨着前海深港合作的日趨緊密，前海與香港在金融等現代服務業上更需要協同發展。您覺得未來兩地會在哪些領域的合作空間較大？

肖耿：綠色金融、金融科技等領域的合作空間較大。香港有與國際接軌的創新制度生態環境，以及與金融、綠色金融、金融科技相關的頂級人才，而前海背靠深圳的科技創新實力優勢，特別是有可以孕育華為、平安、騰訊等國際一流科技或金融科技企業的市場環境。雙方的合作，有助於前海的金融科技走在世界前列。

前海要建設在岸離岸雙生態系統，沒有金融科技的賦能將很難實現。數字化不僅降低了交易成本，還有助於提升風險防範化解能力，幫助金融業取得規模效益。

（根據 2021 年《南方日報》採訪整理）

從佛山看中國城市發展模式

講到佛山，有如下重要事實：從城市的「業績」來看，佛山的人均 GDP 超過北京、上海。麥肯錫做過一個研究，全球最有活力的 75 個城市中，有 39 個在中國，佛山排在第 13 位。佛山的人均 GDP 一路領先，接近 15000 美元，已超過了世界銀行的高收入標準（12616 美元，2012 年）。

我想講幾個數字，有助於我們了解中國經濟的整體面貌，可能會改變我們的一些看法。

首先，我們為城市列出了三個條件：一個是人口超過 300 萬，一個是 GDP 產值超過 1000 億美金，還有人均 GDP 超過世界銀行規定的高收入（12616 美元）。據此，我們選出了 16 個中國最好的城市。如果按照人口排名，其順序是上海、北京、天津、廣州、深圳、武漢、青島、杭州、南京、寧波。這些城市外國人都知道，然後就是佛山，排第 11 位，佛山在國外知名度不一定那麼高。而後面那些城市，也是眾所周知的：瀋陽、長沙、蘇州、無錫、大連。佛山人口超過 700 萬，但一半以上都是過去 20 年內遷徙而來的移民或農民工。

地區	2012				2011	
	人口（百萬）	人均 GDP（美元）	GDP（美元 10 億）	固定資產佔 GDP 比率	貸款佔 GDP 比率	購買 100 平米住宅佔當地人均 GDP 倍數
中國	1354.0	6166	8337	70.2%	121.3%	14.1
1、上海	23.8	13701	324	26.0%	184.3%	15.3
2、北京	20.7	14046	287	36.1%	221.3%	17.7
3、天津	14.1	14954	207	68.8%	118.2%	9.2
4、廣州	12.8	16998	217	27.7%	130.9%	10.5
5、深圳	10.5	19781	208	17.9%	148.6%	17.1
6、武漢	10.1	12787	128	62.3%	126.9%	8.5
7、青島	8.9	13276	117	56.9%	102.6%	8.7
8、杭州	8.8	17937	125	47.7%	210.5%	11.4
9、南京	8.2	14208	116	57.3%	162.8%	9.5
10、寧波	7.6	18307	106	44.1%	162.2%	9.5
11、佛山	7.3	14647	106	32.2%	84.9%	9.0
12、瀋陽	7.2	12917	106	53.5%	106.6%	7.0
13、長沙	7.1	14429	103	61.8%	113.5%	6.1
14、蘇州	6.5	18301	193	42.8%	106.4%	7.9
15、無錫	6.5	18836	121	47.8%	96.2%	6.9
16、大連	5.9	16519	112	50.7%	113.1%	7.7
佔全國比例 [1]	12.3%		30.9%	20.1%	37.1%	

第二，我們按人均 GDP，就是人均勞動生產率來排。這時佛山從 11 位上升到第 9 位，超過了長沙、南京、北京、上海、青島、瀋陽、武漢等城市。另外，佛山還有一個鮮明的特點是，它是工業城市。1978 年以來，佛山的工業佔 GDP 比重增加了 11 個百分點，從 51% 增加到 62%。然而這段時間內，全國工業佔 GDP 的比重從 48% 降到 45%。

1　指每列變量的 16 個城市加總佔全國加總的比例。

佛山的轉型壓力

雖然佛山有這麼好的業績表現，但我們的研究並不是想把佛山變成一個樣板。佛山有很多問題，最大問題是將來怎麼轉型，它完全是靠製造業、中小企業發展起來的城市。未來面臨勞動生產力、勞工成本、資源成本、環境等各方面壓力。我們發現，佛山所做的事也非常普通。其他地方都在學佛山經驗，唯一不能學的，是它的地理位置 —— 它在廣州隔壁，離香港非常近，有比較獨立的文化。在佛山順德調研時，順德區長告訴我們順德這個名字的來由。兩三百年前，有一場農民起義，皇帝就說，我給你賜個名字，你自己管自己吧，所謂「順天從德」，就是順德。所以當地的傳統，就是比較獨立。

佛山的民營經濟比東莞先進很多，很早就關注國內市場，佛山淨商品出口從 2006 年佔 GDP 的 30% 減少到 2012 年的 18%，其轉向比溫州（25%）、東莞（32%）、深圳（37%）更有效。佛山的 30 個專業鎮，每個鎮有一個工業集羣，都跟全球供應鏈連在一起。此外，佛山吸引外來人員前來打工，當地一半以上人口都從外地來。佛山通過公共服務改革，使他們能利用良好的教育、醫療、住房以及社保服務。

還有一點，是地方政府權力下沉。這比較特殊，但也不是特別難學，造成這種權力下沉的部分原因，是當時的人民公社把土地平均化了。[2] 通過財政和行政權力下沉到鎮街一級，佛山鼓勵了區內

2　廣東早在人民公社剛解體時，各個村、各個鎮都有集體所有制的土地，就立刻把土地控制權下放到最基層的村、鎮。佛山南海、順德、高明各區全部有土地控制權。由此，發展到後來，村是最富的，有些村非常富，越到下面，因為對土地直接控制，這些地方也有了經濟發展的路徑依賴。

的競爭，政府從替代市場，轉向推動和支持市場發展。

佛山的工業中幾乎沒有國有企業。雖然當地也有中國電信、四大銀行這樣的國企，但在工業領域基本沒有。佛山最重要的特點是中小企業多，當地每 20 個人就擁有一家民營企業。中小企業貢獻了 70% 以上的 GDP 和就業。人口也是外來人口為主，而且很多都留下來生活。

我們跟佛山市領導討論時，問他們，佛山成長有甚麼秘密？得到的答案是沒甚麼秘密，因為佛山甚麼都不是，又沒有資源，又不是省會城市，又不是特區。它唯一能做的，就是競爭，就是面對市場，因此是市場在資源分配上起決定作用。

我們看到，佛山面臨的問題，都是全國的問題。中國每個城市成功的方法，可謂「八仙過海，各顯神通」，但問題都一樣。因為問題往往跟宏觀管理有關，包括地方政府債務的問題、中小企業貸款難問題、環境問題，這些都跟「條條」(指中央對地方的管理) 有關。如果競爭的時候，「條條」不去設定污染環境的標準，那麼地方就不去管環境了；如果「條條」對資金管得寬鬆，大家就都會去借錢。這些問題都一樣。

佛山仍然面臨製造業轉型這個非常嚴峻的挑戰。整個中國也一樣，之前是世界工廠，將來怎麼辦？環境污染也是個挑戰，最直接的方法是將生產領域轉移到清潔行業，但這可能將污染企業轉移到更落後的上游城市，對環境的破壞可能更嚴重。一個更有效的方法是，政府、企業和社會聯合行動，制訂可行的標準和程序，鼓勵科學技術創新，更有效地執行環境政策。還有土地問題。佛山取得成功有一個原因，就是它很早就把農地用來做工業、商業。但如果全國都學佛山，那就是大問題。

不是所有城市都能變成上海，在市場經濟裏，誰能成為上海、廣東，是由地理位置、歷史、文化等因素決定的。雖然，一些地方可以改變地理區位因素，比如修高鐵，如果從東南亞通土耳其，跟歐洲、歐亞大陸一連，重慶就變成非常重要的一個城市。人為因素確實可以改變地理環境、交通環境，但建了這些基礎設施之後，最終還是市場決定，要看老百姓、企業、資金等等，流向哪裏。

佛山最早的發展方式是「村村點火、步步冒煙」，在當時的歷史條件下，這是唯一可以選擇的發展方式。佛山在做製造業時，不需要有 CBD，不需要有中心城市，但要向服務業轉型，向高增加值轉型，就必須要有 CBD。所以，佛山抓住了 2008-2009 年全球金融危機的機會，批了兩個新城，一個是中德開發區，還有一個是廣東金融高新技術服務區。這兩個東西，就是汪洋當時在廣東提出的，要「騰籠換鳥」，經濟發展以後，工業要向高增加值轉移。

現在的問題是怎麼轉，「騰籠換鳥」牽涉的因素非常複雜。一個城市要騰籠換鳥，新城是通過地方政府融資平台做的，目的就是要有資產、有負債，但最終目的是要改變、提升地區經濟結構。現在的問題是，全國有 300 個城市，大家都要產業升級，在這個產業升級過程中，市場會起到越來越重要的作用。到底哪個新城會變成鬼城，哪個新城會變成未來的高新產業區域？這是一個大問題。佛山地方政府融資平台，從佛山來看，至少從官方數字來看，不是一個很大的問題。地方融資平台未償債務佔當地 GDP 的比例只有 13.8%，並不是很高，但在全國這是一個很大的問題，全國的比例高多了。

城市的房價

現在我們看幾個有意思的問題：我們通常看房價，是看每平方米多少錢，但實際上每個地方土地價格不一樣。收入數據比較難統計，但從宏觀看，人均 GDP 就能衡量，我們這裏用官方的各大城市平均房價乘以 100，即 100 平米住宅多少錢，然後除以人均GDP。這個倍數，就是你要花多少年人均 GDP，才能買 100 平米的房子。

按照這個統計數字看，佛山全國排第八，要用九年時間才能付得清 100 平米的住宅。看相應的數字，上海差不多要 16 年，北京差不多 18 年（見上表）。一些城市，如北京、上海，就非常特殊，集聚了很多高生產力的企業和工人。從這個意義上講，佛山的房價跟全國比，沒有甚麼特別的。但有一個大的問題，付清 100 平米的住宅，佛山是九年，全國平均要 14 年。甚麼意思呢？在很多邊遠的三四線城市，房價跟收入的比非常高。這就是說，很多三四線城市，蓋了很多房子，看起來很便宜，但收入更低，所以將來人不會去那裏住。上海有好房子，他們就過來了，上海工作機會多，勞動生產率又高。這 16 個城市，會把很多人才、資金、項目吸引過來，接下來就有很多邊遠地方變成鬼城。這是中國結構性的問題。

目前限購限的全部是這些好城市，實際這些城市的房價不高。16 個城市中，有 13 個城市的房價，按照這個價格比，是低於全國平均的。就是說，天天去關注那些調皮搗蛋的小孩子，結果忽視了那些好孩子；懲罰了好孩子，目的是控制壞孩子，中國這種情況非常嚴重，這就是其中一個案例。房地產到底有沒有泡沫？其實好的城市沒有泡沫，三四線城市肯定有泡沫，但所有限購都在最好的城市。

固定資產投資、金融壓制

還有一個問題，是固定資產投資，就是地方政府債務。地方政府債務實際大部分都投在固定資產。固定資產投得太多，是一個問題，很多經濟學家都關注。我們看這個數字（見上表），在中國最好的 16 個城市中，2012 年固定資產佔 GDP 的比例，佛山只有 32.2%，深圳只有 17.9%，上海也只有 26%。全國平均是 70.2%。去年人民銀行給出的全國平均數字是 78%，可見固定資產佔 GDP 比重太高。跟我們前面講的房地產泡沫一樣，問題出在那些所謂全國平均的城市。這些好的城市，比如佛山，不光是 2012 年只有 32.2%，過去十年都保持在 30% 左右。佛山是平的，全國的數字是直線上升，可見，佛山是受到壓抑的。

最令人吃驚的，是這個數字。我們沒有想到，佛山面臨金融壓抑、金融抑制。這個城市中所有的貸款佔 GDP 的比例，佛山是 84.9%，是 16 個城市中最低的。全國平均是 121%。上海是 184%，北京是 221%，比較高，這可以理解，上海是金融中心，北京有很多金融機構總部。但不管怎麼樣，佛山只有 84.9%，跟全國平均的 121% 比，佛山不是受到金融壓抑，又是甚麼（見上表）？

佛山的發展，是靠中小企業。中小企業缺錢，這不是秘密，但這個數字提醒了我們，我們宏觀經濟有大問題。甚麼大問題呢？中國金融市場特別值得注意的，是利率雙軌制。雙軌制就是，我們有一軌，是國有企業向銀行貸款，利率只有 7%-8%，還有一軌，就是影子銀行，貸款利率 20%。

這是中國資本市場最大的扭曲。我們知道，中國改革是從雙軌制變成匯率並軌、農產品價格並軌，最後一個並軌，是最重要的，就

是利率並軌。20% 的要降下來，7% 的要升上去。那些享受 7% 的貸款利率的是在享受補貼，而這些受到補貼的，往往是大型國有企業。

這也給人一個錯誤印象，就是中國的資本很便宜。最關鍵的是中國存款利率太低，因為存款利率太低，貸款利率才能保持在 7%。中國擔心債務問題，地方政府擔心鬼城，所以要輸出。但真正打擊的，是整個中國經濟中最有活力、最有潛力的這些好的企業。佛山的中小企業必須在 20% 的高利率下生存，看得出來它們還蠻健康，但很辛苦，這是我們面臨的一個很大的問題。

也就是說，我們這個條塊體制是鼓勵競爭的，但有時，這個競爭的規則不太好，就可以鑽漏洞。如果你在一個邊遠的地方，那裏土地很便宜，可以以各種理由借到很便宜的貸款，中央政府有很多不發達地區的政策，你可以利用那個政策借到很多錢。錢便宜，土地也便宜，你又很有想法，把上海的設計師找來，設計一個住宅、辦公樓，把天津、上海的模式搬過來，蓋得一樣漂亮。如果以為這麼做就可以一樣成功，就是一個巨大的誤會。

中國最大的問題，就是有很多地方要競爭。競爭要學廣東、上海，也去做新城。這時，如果老百姓不去，企業不去，錢不去，項目不去，那裏就是鬼城。問題是，因為它是鬼城，中央、監管機構重視，政策就圍繞這些鬼城，開始採取措施，但很多措施出台後，鬼城問題不一定能解決，還會使相對還比較健康的項目受影響。

由於難以分辨出有效率的項目、企業與城市，中國的宏觀經濟管理當局面臨兩難選擇。如果採取寬鬆的貨幣政策，低效的投資者將過度投資，導致生產過剩；如果採取收緊的貨幣政策，將在實質上傷害類似佛山這樣有效率的中小企業，導致全國經濟增長放緩，從而迫使監管當局不得不放寬信貸。

資本價格

這裏最根本的問題，在於我們的資本價格不合理。資本有兩個價格，一個是基準價，無風險資產利率，還有一個，是風險溢價。中國最大問題就是，我們無風險資產的資本價格，完全搞錯了。我們無風險資產資本價格，現在跟美國、日本、歐洲看齊，而美國、歐洲是屬於「在病房裏的經濟」，全球金融危機以後，量化寬鬆，利率非常低。我們存款利率定得非常低，基準價格太低，在這之上算風險溢價都是錯的。算不清楚，而且給了別人一個機會，存款利率只有 3%，貸款利率 20%，這中間有很大的機會可以賺錢，所以整個中國最優秀的人才，大多是做金融的。

中國有三大問題，一是降低交易成本的問題，降低交易成本，就是說甚麼都可以買賣，甚麼都可以交易。這樣就可以充分利用資源，中國一直在做；二是風險管理，就是資產、負債要平衡，現在全中國的資產減去全中國的負債，是非常正面的，從全國資產負債風險管理方面來看，我們沒有問題，不會破產。

我覺得這裏最大的一個問題，是資本的基準價格，這裏有一個巨大的、超出國界的挑戰。因為現在全球整個金融市場被歐美主導，歐美、香港的利率是零，中國有這麼多的建設項目，回報率那麼高，如果把歐美的零利率用到中國經濟上，就一定會出亂子。

那麼，我們將來應該怎麼做？就是把基準利率定得合理。合理，就是要定得高。比如存款利率加三個百分點，把這個錢給老百姓。把所有利率都提高以後，大家會去算賬，覺得利率高，就會來這裏投資。所以我說，要建中國金融的萬里長城，我們自己一定要把自己的價格理順，基準利率提高，然後再把風險溢價放開，大量

提供流動性。給出合理的價格，如果項目有回報率，為甚麼不給錢？四萬億的外匯儲備，中國那麼大的經濟體，資產的合理增值有這麼多，我們有的是錢。我說的利率增加，不是真的加息，只是說在流動性增加之後，整個社會會出現一個重估，也就是資產通脹。在這種情況下，因為有了通脹，利率本來就應該增加，但整個就會形成一個內部比較合理的資本價格。

（根據「鴻儒論道」2014 年第 14 期的演講整理）

第四章

企業的雙總部

雙總部銜接雙循環，共建跨境經濟特區

「一國兩制」與雙循環是我國重要的發展戰略與制度創新，雙循環雙體系銜接也面臨各種挑戰。香港回歸祖國 25 年多的經驗顯示，粵港澳大灣區在貿易、金融、投資等經濟監管領域的規則對接較為困難，因為在「一國兩制」下，內地和香港擁有不同的經濟制度體系，前者是「在岸」的社會主義體系，後者是「離岸」的資本主義體系。

在「一國兩制」框架下，一國的本質是要求內外循環必須銜接好，以便深港及整個粵港澳大灣區實現「科技 +」等實質性深度合作，利用深港各自的比較優勢突破國家發展關鍵瓶頸。過去 40 年深港之間利用保稅區、前店後廠、「三來一補」等機制成功實現了兩地製造業的緊密銜接，推動了中國融入全球供應鏈體系。但是未來兩地高端服務業的銜接比傳統製造業更難，因為服務業需要的跨境流通的生產要素更為複雜，包括高端人才、國際資本、數字信息，需要跨兩個不同且複雜的監管系統。

在目前大國地緣政治競爭加劇的大背景下，中國需要充分利用雙循環。實際上雙循環的背後代表着內外兩種法律與貨幣體系，而深港剛好處在這兩種制度體系的接壤地帶，實際上也就成為「在岸體系」和「離岸體系」的緩衝、磨合與協調的節點。以深圳河為界線（「一線」），這個銜接帶其實涇渭分明，南面是香港北部都會區（包括河套片區，目前遍佈水塘農田），而北面就是深圳的中心城區

（遍佈高樓大廈和人口密集的社區）。從雙循環角度看，香港北部都會區作為外循環與內循環最接近的地域，實際上是需要與內循環更緊密銜接的，而港島與九龍則需要繼續保持與外循環國際經濟體系緊密銜接。

前特首林鄭月娥提出「兩城三圈」，其中的「三圈」本質就是雙循環銜接帶。這個銜接帶除了有前海與河套兩個國家級深港合作試驗區，還應該包括廣州的南沙和珠海的橫琴兩個國家級粵港澳大灣區合作試驗區。深圳很幸運處於雙循環銜接帶的中心地理位置。

香港特首李家超在上任前於 2022 年 4 月 29 日發佈了四大政策綱要，提出了一系列的政府工作重點，其中一項就是將北部都會區打造成香港發展的新引擎。但是，如果沒有國家層面法律的改變，按照過去香港的經驗，僅僅利用現有可建設土地空間，北部都會區將面臨土地、人才、資金等各種約束，建設期也許要超過20 年。

深港合作面臨的挑戰

深港合作的難點在於兩地需要從傳統製造業的合作向現代服務業合作升級。香港跟外循環接軌，而深圳跟內循環接軌，在資本項目開放與外匯管制、數據跨境流通、企業跨境運作和跨境監管等方面，兩地存在系統不兼容的問題。例如，香港深層次的問題包括沒有發展腹地、產業空心化、住房短缺、收入兩極化、人口增長停滯。以人口為例，1997 年回歸時香港人口數量約為 650 萬，2022年年中約為 729 萬，增長緩慢，且近兩年呈顯著下降趨勢，嚴重限制了香港的發展潛力。

深港合作面臨的挑戰主要有三個方面：

一是產業方面，深港如何通過互補雙贏的合作來鞏固外循環，強化國際金融中心、全球供應鏈及科技創新平台建設。從國家層面來講，香港這一科技創新平台極其重要，因為科技創新必須在世界前沿，還要有國際金融與全球供應鏈的支持。基於此，我認為香港的重要性，在未來 25 年會比過去 25 年更重要。

二是人才方面，在企業和城市層面，競爭最激烈、最核心的是人才。我 1992 年從美國回香港，當時香港吸引了一批內地出生的海歸教授，他們的小孩後來幾乎都在美國或歐洲留學及工作，包括谷歌、微軟、英特爾、亞馬遜等美國大企業，但他們想回國工作卻面臨很多困難：香港金融業和房地產業比較發達領先，但其他產業基本已經空洞化。深圳也無法提供他們所習慣的資本主義、國際化的生活方式。吸引深港之外的全球頂尖企業、人才、資金在粵港澳大灣區落地非常重要，需要避免落入深港之間過度競爭與零和遊戲的陷阱之中。

三是社會方面，從某種意義而言香港相對內地巨大的地理與市場空間，是一個「小島」，缺乏廣闊的腹地，其貧困人口佔到總人口的 26%，對香港社會、經濟、政治的穩定是一個嚴峻挑戰。香港國家安全法的出台及時壓制了反動勢力，但香港深層次社會與經濟矛盾並沒有根本解決，會影響兩地科技合作潛力的充分發揮。

雙體系、雙循環銜接問題的解決方案

解決上述雙體系、雙循環銜接的問題，不僅需要頂層制度創新，也需要在企業層次的運作模式及市場激勵機制。因此這個銜接

帶應該創立一個「深港深度合作經濟特區」。

　　深圳特區當時就有「一線」（與香港分隔）和「二線」（與內地其他城市分隔）的安排，目的就是要特事特辦。深港深度合作經濟特區也應該有一個具體範圍，可以包含香港實體片區和深圳虛擬片區，並探索在這兩個跨境片區設立雙總部的運作機制。以我的許多跨境工作朋友為例，他們在香港與深圳都有安家，類似雙總部，習慣於香港的生活，但另一方面，事業又在深圳。事實上，很多企業都有類似的情況，需要跨兩地運作，這些企業的需要，就是政府應設法解決的，一旦解決了這些需要，「科技＋」發展面臨的問題就會迎刃而解。因為「科技＋」涉及到各個領域，但幾乎所有領域都是在最基本的底層企業這個層次遇到障礙。事實上，企業遇到的這些障礙在區、市這一級是無法解決的，它們能做到的主要是招商引資，向企業發放補貼等等，這些障礙應由發改委、人民銀行、證監會、銀監會解決，這也是矛盾一直存在的原因。

　　北部都會區中間有一大片區域幾乎是沒有居民的，如果我們在這裏設一個像當年深圳特區那樣的「二線」，就可以將「一線」放鬆，深圳的資源就可以進入這一區域。香港北部都會區的建設，如果沒有深圳的人力、物力和生活與營商生態環境是不行的。尤其是在建設過程中，由於人口稀少，相關配套較少，大部分人在最開始肯定要到深圳生活，不可能到香港生活。

　　香港最重要的是和世界接軌，林鄭月娥前特首說香港一定要跟世界接軌，這一接軌在「一線」以南完全可以實現。進一步，如果允許在北部都會區這個香港實體片區註冊的企業，在深圳虛擬片區設立第二營運總部，那麼諸如光明科技城、龍崗科技園、坪山科技園等產業基地就會成為香港這一國際平台的腹地。在虛擬片區中，

這些企業的運作、監管由香港負責 —— 所謂第二運營總部,即其按照香港的法律、規則進行運作,但在物理空間上處於內地,企業可以招內地的員工,也可以招香港的員工。現在的突出矛盾在於,深圳所有的區(包括前海)都希望香港企業落地,企業來了就是「深圳人」,就要用人民幣註冊,並歸發改委、人民銀行、證監會監管,但這樣香港企業就失去了一部分原有的獨特生命力。

除了監管,我建議這些企業的稅收也由香港負責徵收,但是與深圳共享,這樣可以調動內地地方政府與香港合作的積極性。現在的情況是,兩地都有招商引資的積極性,但這是一個零和遊戲,而且對局外人(即深港之外的跨國企業)來講,其為甚麼要落地香港或者深圳?香港沒有產業空間,深圳缺乏國際化的優勢,兩者單獨的吸引力都不夠強。而上述模式則可以取長補短,同時發揮深港兩地優勢,吸引跨國公司落地 —— 企業在香港北部都會區註冊總部,在內地建設運營總部,這樣其可以享受兩個體系的優勢。同時,國內註冊的企業也可以到北部都會區設第二營運總部,這時候就是監管歸國內,運營在海外的模式。香港願意走出去的人和企業可能不夠多,因為股票、地產收益足夠高,其沒有走出去的利益驅動。但這一模式滿足了內地「走出去」的需求,內地企業需要在海外有一個立足點以熟悉外循環營商環境,且在開始走出去時由內地監管。

設立「特區中的特區」

採用上述方案,深港可以打造成嵌入式的發展格局,在擴容香港這一離岸平台的同時,迅速提升深圳的國際化程度,因為深圳變成了兩部分,一部分是傳統的深圳,另外一部分實際上就是香港。

香港的企業到內地落地，人才也會隨之遷徙。香港現在有 10% 的人口是外籍，上述方案一旦實現，深圳的外籍人口就有可能迅速增加，國際化程度自然提高。基於上述路徑，深港可以顛覆性地破解合作困局。破解困局最重要的一點是要從外部引入增量，如果沒有增量的話，前海、南山區總部基地、福田區香蜜湖金融新區陸續興建的大量寫字樓，羅湖區、寶安區通過舊城改造建造的大樓，如此多的空間由誰使用呢？南沙 800 平方公里和香港北部都會區 300 多平方公里的地域同樣會興建大量辦公和產業空間，這些空間又由誰使用呢？上述方案可以幫助深港吸引、共享全球最好的跨國企業。除了解決辦公樓空間空置的問題，分享外部流入跨國企業提供的稅收和 GDP 對兩地政府同樣具有吸引力。

現在的問題在於，這裏提出的企業層面的跨境運作核心機制目前還沒有出現在合作試驗區（如橫琴、前海、河套、香港北部都會區），換言之，這些試驗區並沒有從根本上解決企業跨境運作的底層邏輯問題。解決問題的核心是在企業這一層次，這就需要先行先試，特許企業設立雙總部，使企業的跨境資金調度、人員調度更加方便，同時通過數字化手段來監管這一特許，防止濫用。現在的合作試驗區都制定了一系列優惠政策，但是很多優惠政策沒法實際落地。

如果現在特許 50 家企業做上述試驗，包括共享稅收和 GDP，特事特辦，前述的合作區就可以迅速發展。如果沒有特事特辦，深港合作就會原地踏步。因此，我提議成立深港合作領導小組，由特首和深圳市委書記任聯席組長，並常設辦公室。進一步，通過國家與地方立法解決土地使用的問題，如果不從國家層面立法，在香港原有的法律體系下，土地使用的問題是無法解決的，這就對頂層設

計提出了要求 —— 依照共商共建共管共享的原則展開制度建設方面的頂層設計。設立「特區中的特區」，香港是特區，深圳也是特區，兩地各自貢獻一些資源，成立一個類似橫琴，又與橫琴有所區別的合作區，對於落實兩地合作戰略意義重大。上述機制的建立當然不可能畢其功於一役，所以需要由深港合作領導小組進行統籌與協調。在改變制度的時候，一定要方向明確，同時也要打破傳統，推進特事特辦。

只有通過頂層設計，才能促成兩地監管的協作，因為監管屬於法律範疇，讓香港的監管機構「搞特例」是不可能的，內地也是如此。所以只能通過立法，讓監管機構在合作區這一特定層次和範圍內特事特辦。

實現這一目標需要以下幾個步驟：第一，在企業層面做試點，首先確定由哪一些企業先行先試。第二，積累經驗之後，通過立法在整個合作區內允許跨境監管合作可按照如下模式展開 —— 凡是離岸的交給香港監管，凡是在岸的交給內地監管，但是相互備案。例如，一個企業在香港註冊，但是在深圳有第二運營總部，該企業就由香港監管。這樣做的好處是繞過了發改委、人民銀行等眾多在岸監管機構，提升了監管效率。第三，強化風險管理，通過精準數字監控，實現企業在所有監管機構的備案。備案的意思簡而言之就是，企業知會監管機構其在做甚麼，但是監管機構事前無權干預，事後如若存在問題，離岸企業由香港監管方提出解決方案，在岸企業由內地監管方提出解決方案。如果仍有重大的問題難以解決，深港合作領導小組可以上報中央，形成一種反饋及解決問題的機制。

我的核心建議有兩個層次：第一個層次是成立兩地合作的經濟特區，第二個層次是試點運作的企業設立雙總部。第一步先行先

試做企業層次，第二步待企業層面試點成熟了以後（包括加強與香港的溝通），再建立深港合作經濟特區。以前深港兩地溝通不足，例如前海方案提出將 120 平方公里空間（面積相當於整個香港島）中的三分之一給香港企業，歡迎其落地前海。但是由於缺乏充分溝通與實質性合作，香港方面擔憂企業「出逃」前海，香港產業空洞化，合作意願並不強烈。現在香港提出要用 300 平方公里的北部都會區吸引國內人才、企業，這對深圳而言同樣是競爭，這種零和博弈競爭，正是深港合作的深層次障礙所在。

（本文為 2022 年 12 月向相關部門提交的內參報告）

以「跨境雙總部」機制推進
粵港澳大灣區深度融合

粵港澳大灣區是我國開放程度最高、經濟活力最強的區域之一，在「一國兩制」框架下，粵港澳大灣區涉及兩種社會制度、三種貨幣體系、三個關稅區、三種法律框架，是中國聯繫世界的重要紐帶。特別是在以國內大循環為主體，國內國際雙循環相互促進的新發展格局中，粵港澳大灣區既是國內市場循環的重要腹地之一，也是聯繫國際市場循環的橋樑，更是國內國際市場的重要轉換與銜接帶。粵港澳大灣區要在維護全國統一大市場的前提下在跨區域市場銜接與融合方面先行先試創新體制機制，促進跨區域協調發展，提升跨境產業鏈效率、質量與韌性，暢順國內國際市場聯通，確保關鍵生產要素有序跨境流通及高效配置。

當前粵港澳大灣區的制度性差異雖然整體對國家發展有巨大優勢，但也會影響粵港澳大灣區內生產要素的跨境便捷流動、跨區域協同創新效率和粵港澳大灣區內市場的深度融合。在國家將粵港澳大灣區定位為國內國際雙循環重要的戰略節點，並期待區域協調發展不斷加強的大背景下，針對企業層面跨境運營面臨的現實問題，在粵港澳大灣區開展「跨境雙總部」機制試點具有深遠戰略意義和迫切現實需求。

與粵港澳三地在基礎設施、體制機制、重大合作平台等方面互聯互通、深度融合的頂層設計相輔相成，「跨境雙總部」機制重

在激發企業「自下而上」的制度創新探索，從克服「跨境」阻隔、提升市場主體效率、優化資源配置等微觀需求出發，通過在若干重點企業逐步試點的方式，穩妥探索「跨境雙總部」機制，為粵港澳大灣區建設國際金融中心群和打造科技與產業創新高地、經濟與社會開放高地構建堅實的微觀基礎。

粵港澳大灣區深度融合的制度創新
需要幫助企業提升其生產要素的跨境高效配置

作為國家發展戰略，2019 年 2 月發佈的《粵港澳大灣區發展規劃綱要》，針對粵港澳三地在基礎設施和市場機制銜接上的障礙，提出了一系列措施與方案，目的是營造寬容的社會環境和有利的政策空間來不斷探索區域協調發展新機制新路徑。

在基礎設施方面，港珠澳大橋、廣深港高鐵等基建項目將粵港澳大灣區內灣連接，為城市群空間聯繫提供基礎設施支撐，為城市間生產要素的自由流動創造硬件條件。儘管城市群中空間地理上的距離沒有發生改變，但運輸網絡改善會使得物質和信息的傳遞速度加快，降低了交易成本。

在市場機制方面，粵港澳大灣區在打通內地和港澳之間的多種連接渠道方面進行了各種創新嘗試：深港通、滬港通、債券南向通、跨境理財通、互換通等金融開放措施不斷推出，促進了內地與香港金融市場協同發展；深圳還開展了本外幣一體化資金池試點幫助企業跨境投融資便利化。

在合作平台方面，前海、橫琴和南沙是粵港澳大灣區中三個國家級跨境合作平台。2021 年 9 月，國家出台了《橫琴粵澳深度合

作區建設總體方案》及《全面深化前海深港現代服務業合作區改革開放方案》。2022 年 6 月,又出台了《廣州南沙深化面向世界的粵港澳全面合作總體方案》。三大方案為創新粵港澳大灣區合作發展體制機制、破解合作發展中的突出問題提供了新契機,形成了戰略功能各有側重的粵港澳合作平台體系。

但當前區域間的合作缺乏基於共同利益的長期激勵機制,影響了粵港澳大灣區融合的深度、廣度與速度。同時,經濟與金融監管體系通常從物理空間和行政區劃的角度展開,既有的屬地監管模式對人才、資金、信息等要素跨境流動帶來的制約難以得到相應的優化。在粵港澳大灣區深度融合中,企業跨區域、跨雙體系運作面臨重重障礙,企業跨區域的運營成本、運營風險成為影響市場主體活力的致命問題。粵港澳大灣區進一步深度融合的制度創新應聚焦企業層面,特別是幫助企業優化跨境生產要素的配置。

我們在對粵港澳大灣區企業的走訪調研中發現,對於跨雙體系運作的企業而言,當前存在着四個主要難點問題:一是人才的跨境流動與配置面臨各種限制;二是數據和信息跨境流動與使用面臨各種合規限制;三是內地資本項目外匯管制限制了資金跨境流動與配置;四是跨體系的資質認證和行業規則難以銜接導致合規與營運成本太高。

例如,在港中資企業需要在香港和深圳各自設立完全分離的離岸和在岸總部,在運營方面無法互通及共享,也無法在深港兩地之間自由調配重要的生產要素進行資源優化配置。港澳企業在粵開展同一個項目需要多次註冊並面臨多重監管等。體制與機制銜接問題導致政府的壓力、工作量和財政負擔都增加了,但企業營收、就業和稅收卻沒有顯著提升,如何挖掘資源配置效率,降低運營成本成

為企業發展核心挑戰。

企業是市場的主體，企業的生產和經營活動不僅決定着宏觀經濟的發展狀況，也影響城市的生機和活力。這些問題如果得不到解決，會嚴重制約粵港澳大灣區尤其是香港的經濟與社會的穩定與發展。

香港與國際市場緊密銜接，大量的全球企業在香港設立其亞洲總部，並與其海外總部無縫銜接。但在「一國兩制」下，香港對內地企業並沒有完全開放。而內地（例如深圳與珠海）企業在科創、金融、綠色等新興產業的發展受制於其在岸體制，無法成為香港可充分利用的腹地。這些因素導致香港產業高度單一與空心化、貧富差距過大、青年失業率高等社會問題。另一方面，雖然粵港澳大灣區的內地城市一直對香港的生產要素開放，但沒有對香港的制度完全開放，也沒有對全球完全開放，影響這些內地城市的國際化程度。

「跨境雙總部」機制是雙循環體系下助力粵港澳大灣區深度合作的微觀突破口

《十四五規劃》明確提出，要加快構建以國內大循環為主體、國內國際雙循環相互促進的新發展格局。這種新發展格局需要更深層次、更高水平、更寬領域的開放合作。「跨境雙總部」機制正是在雙循環體系下推動粵港澳大灣區深度合作、融合的制度創新，也是在企業層面促進粵港澳大灣區開放合作和高質量發展的微觀突破口。

從制度經濟學角度看，制度性交易成本越低，市場交易就越充分，經濟運行效率就越高。諾貝爾經濟學獎獲得者、制度經濟學開

創者科斯認為，市場與企業是資源配置的兩種方式。企業以內部管理協調資源配置的方式得以取代自由市場交易，是因為存在交易費用。為了外循環和內循環能夠系統地銜接，聯動發展在岸和離岸市場，有必要在體制機制上作出有利於降低交易費用的突破。作為雙循環的銜接帶，粵港澳大灣區可以考慮建立跨境合作雙總部機制試點，突破傳統屬地監管的模式，幫助企業跨境在組織內部優化資源配置。

　　「跨境雙總部」可以理解為在香港註冊的離岸企業符合條件後，允許在內地設立第二運營總部，主要服務離岸市場的客戶或跨境業務，不與內地企業競爭在岸業務。其兩個總部的業務都由香港行業監管當局按離岸企業來監管。同理，符合條件的在岸企業也可以在香港設立第二運營總部，在內地政府的監管下允許在香港發展在岸業務。在雙總部的框架下，兩個跨境的營運總部實際上是一家企業，在不同的內循環和外循環的大環境內運營，按照市場的需要優化配置其在內循環與外循環可以獲得的生產要素資源。「雙總部」機制可以突破傳統按地理區域進行屬地監管的概念，對市場主體實行跨境精準監管合作，通過制度和技術層面的空間重組和數字賦能，擴展香港及粵港澳大灣區作為外循環樞紐的市場容量、營運效率、發展空間。

　　目前，在港企業營收涉及的一般為利得稅，利得稅只對在香港產生或得自香港的利潤進行徵稅，採取屬地原則，即離岸收入免稅，徵稅範圍不包括資本利得。這為，雙總部企業兩地收入的稅收由兩地政府共享奠定了核算基礎。通過精準的數字技術進行監管和風控，按照業務實際發生屬地進行稅務和監管劃分方面的合作，由兩地政府協商按一定的比率與模式來分享跨境雙總部企業的稅收和

GDP。香港和內地既需合作,也需分工,以各自比較優勢在監管方面分工,如離岸業務企業歸香港監管,在岸業務企業由內地監管,並相互備案,就可以大大提升企業跨境運作效率,也會大幅度減少區域之間在招商引資、吸引人才、公共基礎設施與辦公樓等方面的過度競爭。

從政治經濟學的角度來看,「跨境雙總部」機制的本質可以理解為利用內地與香港「兩種資源」和「兩個市場」的方式,通過營造全新的雙體系、雙循環高效銜接、深度合作的大環境,破解城市間零和博弈式的招商引資難題,聚焦吸引粵港澳大灣區之外及全球資源的流入式增量發展,以便持續改善兩地產業結構,為粵港澳發展提供新動能,為內地與港澳更緊密合作提供新示範。

數字技術可為「跨境雙總部」機制的安全高效運行提供支持

習近平主席在 2022 年第 2 期《求是》發表題為《不斷做強做優做大我國數字經濟》的文章,指出「數字經濟健康發展,有利於推動構建新發展格局」。數字技術、數字經濟可以推動各類資源要素快捷流動、各類市場主體加速融合,幫助市場主體重構組織模式,實現跨界發展,打破時空限制,延伸產業鏈條,暢通國內外經濟循環。數字技術也為「跨境雙總部」機制提供了技術支持,以及解決規則銜接、打破轄區阻隔、提高運營效率等難點問題的路徑。

香港和內地都有較為完備的數字經濟基礎設施和發展基礎,且各有優勢,這既是「跨境雙總部」機制得以實現並適應數字經濟發展趨勢的條件,也有利於企業在數字技術發展和國際競爭中獲得更強的優勢。

香港擁有完備可靠的網絡基礎設施，穩步上升的離岸與跨境服務需求、多元高效的雲服務商，其數據中心市場在全球排名第四。[1]同時，香港政府高度重視數字領域的市場建設，香港財政司司長陳茂波講話稱，香港特區在有關數字資產的領域內是「開放且包容的」。2022年底港府發佈的《有關虛擬資產在港發展的政策宣言》清晰說明了香港在數字化方面的立場：在積極擁抱創新的同時配以相適應和與時並進的監管體系，妥善管控風險，為市場有序蓬勃發展締造先決條件。此外，香港在虛擬資產產品領域的表現也非常積極，2022年12月發佈了首批合規虛擬資產ETF，2023年2月又推出了全球首隻由政府發行的代幣化綠色債券。

內地對數字經濟的監管措施逐步成熟，尤其是對數字貨幣等新興領域的監管較為嚴格，但數字技術正蓬勃發展。相較於香港有限的地理和人口規模，內地廣闊的市場空間，巨大的應用場景是數字技術快速迭代、優化成長的沃土。粵港澳大灣區也擁有不少在5G、AI、雲、網絡、安全等領域具有豐富的技術實力和創新能力的科技企業，騰訊、華為、富士康、樹根互聯四家粵企入選國家級雙跨平台，成為支撐粵港澳大灣區數字化轉型的重要力量。雙循環為這些優質企業「出海」，成為有競爭力的國際一流數字技術企業提供了有力支撐。「跨境雙總部」機制為更多的企業利用好內地、海外兩種創新生態機制提供了條件。

數字技術的發展也推動了監管手段的發展進步。在技術上，監管已經可以突破物理空間和行政區劃的限制，轉變到以市場主體（法人單位）為基礎，對資金與信息通道進行安全高效精準監管，

1　參照戴德梁行《2022全球數據中心市場概覽》。

為雙體系並行、重疊、相互嵌入及更好地銜接創造了很多的機會，為「跨境雙總部」機制的實施提供了現實的解決方案。

推動「跨境雙總部」機制試點政策建議

「跨境雙總部」機制可在粵港澳大灣區發展戰略的背景下逐步推動。建議先從企業層面展開試點探索，這樣既能夠確保風險可控，又能推動宏觀頂層設計和微觀企業層探索良性互動、有機結合。本文對推動「跨境雙總部」機制先行先試方面的具體政策建議如下：

第一，利用深圳綜合改革試點政策，爭取中央授權，創建深港經濟合作特區，並在經濟特區範圍內試點企業跨境雙總部機制。在「一國兩制」的框架下，香港與深圳可以在兩地劃出一些片區作為深港經濟合作特區（保留原有邊境，不需新的實體隔離，片區方便立法及精準數字監管和電子圍欄等技術手段應用），在行業跨境監管及企業跨境雙總部機制方面進行試點。在基礎設施、公共服務、與產業空間方面發揮內地優勢，在營商環境、離岸業務及開放制度方面發揮香港優勢。選擇一批有代表性優質企業在經濟合作特區設跨境雙總部，允許兩個總部之間在要素資源配置優化方面享受特許經營的自主權（即「企業通」特殊政策）。

第二，解決粵港澳三地地方財政與經濟發展利益分享問題，建立跨區域合作的利益共享機制。在中央支持的基礎上，地區政府間的監管與收益的協調也是推行雙總部機制的關鍵。例如深圳本身土地資源較為緊缺，政府只獲得租金收益，而無法獲得合作區內開展離岸業務的收益，深圳政府可能未必有意願以這種方式來吸引香

港的外資。而香港目前的部分新興產業享受港府資源劃撥和政策補貼，如果港府要跨過深圳河，去補貼合作特區的企業，有可能會面臨一系列的立法上的困難。「跨境雙總部」機制需要政府之間在「減政放權」的基礎上，抓緊建立健全針對「跨境雙總部」企業的收益共享長效機制。通過雙循環體系和「跨境雙總部」機制共同提高企業的國際競爭力，使得「跨境雙總部」機制試點企業的收益顯著提高，地方政府間通過合理的財稅利益分配獲得收益的同時化解政府間過度競爭的矛盾，從而切實解決好推進跨區域合作的內在動力問題。

第三，通過數據共享和數字技術實現精準監管，保障在岸和離岸的有效隔離與互補分工。突破屬地監管的要義是建立起跨地區數據合理使用機制，推動與試點企業跨境運營有關的各個部門和治理主體間的數據互通，利用隱私計算等技術使數據合法合理跨境使用但而不被濫用，實現數字化的全面協同與跨地區跨部門的流程再造。基於數據平台的協同與開放、數據要素的流通、數據資源的開發與應用，利用區塊鏈、智能合約、電子圍網等精準的新一代數字技術，兩地政府及監管機構分別就在岸和離岸業務分工監管、互相備案，對企業跨境往來資金進行謹慎的事後監管，避免發生洗錢、資金外逃等問題。在實現相互嵌入式的開放，進一步擴大香港、內地雙向開放程度，方便試點企業高效跨境運營、發展的同時，確保有效監管、風險可控。

第四，通過「白名單」與監管沙盒試點，避免出現安全風險「外溢」效應。為平衡風險防控和促進機制創新間的關係，建議將以騰訊為代表具有領先數字技術的新經濟領軍企業和以紫荊文化集團、華潤集團等為代表的香港中資龍頭企業列為首批「白名單」試點單

位，在監管沙盒的框架內進行探索嘗試，將其在信息、人才、資金等方面的跨境流通需求形成授權放權清單，並對其中可能產生的「試錯」風險設置安全閥和實施「謹慎敏捷事後監督」機制，避免試點期間可能產生的制度性漏洞影響雙循環正常運作。在企業層面的試點有了突破，形成成熟機制後，在經濟合作特區內進一步建立相互嵌入的深度合作區雙循環銜接帶，幫助香港作為國家外循環平台擴容。

（原載《政策與實踐參考》2023 年第 2 期）

激活深港「雙總部」潛力，
推動兩地經濟深度合作

深圳和香港一河之隔，在資源、人文、地理和制度等方面既有競爭，也高度互補，具有深度合作、優勢疊加、短板互補的巨大潛力。改革開放 45 年來，深港合作經歷了從「引進來」（由「三來一補」激發的內地製造業現代化）到「走出去」（在港中資企業成為中國離岸貿易、投資、金融的載體），從兩地經濟互補發展到社會、民生、醫療、教育、青年創業等各領域兩地全方位合作協同發展的持續迭代升級過程。近年來，不僅前海與河套這兩個重大國家級戰略合作平台建設正穩步推進，香港也開始積極謀劃毗鄰深圳的北部都會區開發，深港的競爭與合作正迎來新的歷史性機遇與挑戰。

深港兩地合作的潛力與挑戰

深港地理相連，但在制度、產業、市場等方面具有高度互補的差異性，具備巨大的合作潛力和優勢疊加短板互補的發展空間。深圳作為全國領先的科技創新與新興產業中心，規模以上工業總產值連續四年居全國大中型城市首位。香港作為全球領先的國際貿易、金融、物流中心，具備跨境生產要素流動自由開放及稅制簡單稅率低等市場化、國際化優勢。深港作為全球領先國際城市，集聚了一批跨國企業的亞太區總部，包括製造與研發基地、採購與銷售中心

和資金管理中心。深港是我國內外經濟循環最重要的銜接帶,也是中美經濟、技術、人才競爭與互動的最前沿。

　　但是,深港不同的法律體系、監管規則、稅收制度、營商環境,以及生活方式導致兩地企業在跨境配置生產要素及跨境運作上面臨一系列系統性障礙,包括企業所得稅與個人所得稅的稅賦差距、跨境資本外匯管制、在人才、數據、貨物等要素跨境流動方面的限制等。兩地居民在教育、醫療、社保、置業、養老等方面也存在相當大的體制性差異與限制。這些都增加了企業跨境運作的制度性交易成本。因此,深港合作的主要潛力與挑戰是如何為跨境運作的企業降低這些制度性成本,讓其有可能在兩地更自由、更高效地配置關鍵生產要素資源,以便通過兩地的優勢疊加及短板互補來吸引全球(包括內地)的企業與人才來深港這個雙循環銜接帶福地發展。

以「企業通｜園區通｜服務通」
激活深港「雙總部」企業潛力

　　深港兩地其實一直存在雙總部企業:不少在深圳有總部的企業,其股東同時在香港設有中資機構,如華潤、招商、深業、華為、騰訊等企業。但在傳統的屬地監管模式下,同一股東在深港兩地的雙總部在註冊、監管、稅收、僱員、資金、運作等各方面是完全隔離的。在「一國兩制」的大框架下,現有的「一個集團企業在深港有兩個獨立總部」的模式在過去半個世紀為確保香港平穩回歸祖國及深圳特區先行先試作出了重要貢獻。

　　但在新形勢下,深港需要更深度的經濟合作來提高兩地企業的

國際競爭力，特別是通過關鍵生產要素資源跨兩地雙總部的流動與優化配置來降低企業的制度性運作成本。

因為中國超大規模的內循環經濟在未來相當長的一個階段還需要有外匯管制等與香港不同的監管模式，針對雙總部企業跨兩地生產要素流動的制度性開放措施目前還不可能適用於所有企業，但應該可以適用於對國家及地區發展至關重要的重點企業。

如何通過制度創新來幫助一批合格的在深港設有雙總部的企業提升其跨境運作的競爭力？本文提出「企業通」（幫助重點大企業）、「園區通」（幫助在重要科創及產業園區內的中小企業）、及「服務通」（為跨境工作與生活的深港居民提供便民服務）的新機制。

企業通、園區通、服務通本質上與「一地兩檢」的制度創新類似：允許香港的法律與制度在內地特定場合適用（深圳灣口岸內有香港的海關及邊檢服務）；允許內地的法律與制度在香港特定場合適用（香港西九龍高鐵站口岸內有內地的海關及邊檢服務）。

（一）企業通

企業通主要針對一批對深港兩地發展具有戰略性、前瞻性、及基礎性意義的龍頭企業，如涉及重要基礎設施建設、重大科技工程、重要片區開發（北部都會區、河套、前海等）的企業，建議通過特許經營方式，允許一批合格龍頭企業在深港設立的雙總部之間，在人員、資金、信息、貨物跨境流通與生產要素跨境配置等方面豁免現有不合適的跨境監管限制，並在通關查驗、稅收和相關跨境監管方面以中央授權、兩地立法，及兩地監管協同等制度創新安排來實施精準監管與精準開放，維護並豐富「一國兩制」實踐，大幅度降低重點雙總部企業跨深港兩地運作的制度性成本。

在雙總部企業監管協同方面，建議兩地既分工又合作，香港監

管機構分工負責監管與離岸業務相關的經營活動，內地監管機構則分工負責監管與在岸業務相關的經營活動，同時要求相關企業選擇兩地監管者的一方做雙總部企業的主要監管者，並向另一方監管者備案。

如果企業選擇以離岸業務為主，則適合在香港註冊總部，但可以以備案形式在深圳設立「企業通駐深總部」，並由香港監管者負責其與行業相關的監管。反之，如果企業選擇以在岸業務為主，則適合在深圳註冊總部，但允許以備案形式在香港設立「企業通駐港總部」，並由深圳及內地監管者負責其與行業相關的監管。

具體應用場景包括授權一批合格深港雙總部企業以「企業通」機制參與香港北部都會區開發及深圳前海、河套、及其他試驗區建設，包括在基礎設施建設、科創攻堅工程、產業園區建設、惠民及綠色發展工程等領域，以便充分實現兩地優勢疊加及短板互補。

（二）園區通

園區通主要針對兩地的科創與產業園區，幫助其中集聚的大批優秀中小企業跨境配置生產要素資源及提升競爭力。作為優秀中小企業最重要的載體，兩地的園區需要更加創新合作方式，包括在園區的股東結構、運作模式、資源與收益共享等方面的深度合作。園區通的目的是幫助一批有跨境運作需要的中小企業實現「企業通」機制帶來的便利，並在監管協同方面為兩地監管部門提供一些中介與協調服務，畢竟園區內的中小企業無法承擔「企業通」制度創新方面的成本，包括幫助園區內的中小企業落實與「企業通」機制相關的特許經營權利與合規責任。

具體建議是以特許經營方式讓兩地園區可以設立一體化管理的跨境分園，如「香港園區駐深分園」、「深圳園區駐港分園」，為

深港兩地重要產業園區提供更加便利的跨境營商環境和無縫連接的生產要素跨境流動機制，讓園區內的中小企業可以更方便地跨境配置僱員、資金、信息及科研設備，以便降低制度性成本提高競爭力。

河套深港合作試驗區是由香港園區（港深創新及科技園）和深圳園區（皇崗口岸片區與福田保稅區片區）組成，雖然已經出台了聯合政策包，最新的《河套方案》也即將公佈，但在傳統屬地監管的框架下，兩個園區之間依然存在相當高的制度性壁壘，深圳園區受制於內地監管體系，香港園區則受制於香港的監管體系，兩個體系的監管協調非常複雜困難。可以考慮打破屬地管轄的傳統，引入「跨境分園」機制（即雙總部「企業通」機制在跨境園區建設方面的應用）。

例如，可以探索香港園區跨境設立駐深分園，並在分園實行香港的稅制、香港的行業監管模式，及更通暢的人員、資金、信息、貨物跨境流通機制。深港兩地政府可以以股東投資形式參與香港園區及駐深分園的指導與管理，創新深港兩地政府合作方式。有了駐深分園的香港園區將對國際及內地企業有更強的吸引力，因為企業可以通過「園區通」機制更充分有效地利用深港兩地資源。

同樣，也可以探索深圳園區跨境設立駐港分園，並在分園實行內地的稅制、內地的行業監管模式，及更通暢的人員、資金、信息、貨物跨境流通。基於內地在基礎設施建設及產業園區開發方面的經驗與積累，駐港分園模式有可能大大加快香港北部都會區的建設，特別是更容易將國家重點科創項目及重要國企引入香港北部都會區。

香港園區駐深分園、深圳園區駐港分園是雙總部「企業通」機制的一個應用，對幫助中小科創企業意義重大，也可以推動深港在

河套試驗區的深度合作，而且不需改變兩地原有的制度及監管方式。通過園區的股權結構調整還可以將兩地政府從地方性競爭的關係變成股東合作的關係，可以大幅度提升深港合作的深度與韌性。

（三）服務通

企業通與園區通機制的實施將會吸引越來越多的香港、海外、及內地企業在深港設立跨境雙總部企業，並將吸引大批國際及內地人才來深港參與雙總部企業的跨境生產與服務。這批需要經常跨境工作的人羣需要更靈活多樣的生活方式來處理他們面臨的兩個不同的生活與工作環境。這個羣體的持續擴張對深港合作、雙循環銜接、「一國兩制」行穩致遠具有重要的戰略意義，包括讓港人及海外人士更容易了解內地，及讓內地人士更容易了解香港與海外環境。

因此建議推出「服務通」機制，系統性地掃除深港兩地居民日常跨兩地工作與生活所面臨的跨境服務不便及困難，包括在銀行、保險、法律、診所、教育、住房、交通、消費、社區服務等領域都適當建立一批「服務通」雙總部企業與機構。

建議允許合格（符合條件並經兩地政府依法依規認定）的總部在香港的離岸服務行業機構，在深圳以備案形式設立為港人及海外人士（包括在港有非永久居住證的內地居民）提供離岸服務的「服務通駐深總部」（不涉及需要內地監管者監管的在岸業務），並允許其按照香港的管理和監管模式運作。

另一方面，建議允許合格的總部在深圳的服務業企業，以備案的形式在香港設立為內地居民（包括擁有內地居住證的港人及外籍人士）提供在岸服務的「服務通駐港總部」（不涉及需要香港監管者監管的離岸業務），並允許其按照內地的管理和監管模式運作。

以上兩地企業互相嵌入跨境運作的制度安排可以方便深港兩地居民都能便利地跨兩地工作和生活，但又不會影響「一國兩制」，將大幅度提升深港聯合吸引全球企業與人才魅力。

以銀行業為例，在屬地監管的限制下，跨境生活與工作的個人目前必須取得境內外兩個銀行體系的服務才能維持日常跨兩地的生活與工作需要，但其在港期間無法獲得內地銀行服務，在深期間無法獲得香港銀行服務，阻礙人才跨境生活與工作，不利深港優勢疊加短板互補的良性合作。香港與內地銀行都無法利用其在屬地規模運作優勢為跨境工作與生活的灣區居民提供更便利的服務，不利於跨境服務的互聯互通。建議通過「服務通雙總部」機制，超越傳統屬地監管，以白名單機制允許一批合格的在香港註冊的銀行在深圳設立「服務通駐深分行」，為港人港企提供離岸及跨境金融服務，吸引全球企業和人才來深港落地。

落實雙總部「企業通｜園區通｜服務通」機制的幾個關鍵點

粵港澳大灣區最重要的優勢是「一國兩制」，聯通跨境「雙總部」的關鍵是在堅持「一國兩制」的同時，探索將「兩制」的優勢疊加、短板互補，這就需要在國家、香港及深圳三方面有一個協調機制（頂層設計），目的不是提出新的行政區和新的制度體系，而是如何用好香港與深圳現有的制度體系來降低跨境運作企業的制度性成本，並協調好兩地政府在監管跨境企業時的分工與合作，最終激發並依靠企業的積極性與創新能力來推動兩地深度經濟合作。

（一）建立深港合作頂層規劃與協調機制

深港雖然成立了很多工作專班，但只能在「一國兩制」及香港與深圳現有行政、法律、監管與政策框架下開展合作。但很多醞釀中的制度與政策創新涉及中央事權以及國家多個部委監管範疇，因此需要深港兩地政府與中央及國家相關部門開展經常性、系統性、長期性的溝通、協商、協調才能不斷迭代出真正符合深港發展實際需要的制度與政策創新，包括建立專門的政策研究與規劃機構就兩地長遠合作規劃、兩地法律與規則銜接、兩地監管分工與合作、兩地跨境企業與居民痛點問題等進行深入研究並持續提出可行的政策迭代方案。

缺乏有效的規劃與協調機制導致許多深港合作方案與設想不容易落地實施，特別是跨境運作企業無法提升競爭力。比如，香港提出建設北部都會區「兩城三圈」規劃，跨越了深港地理邊界，但並沒有考慮如何銜接兩城不同的制度體系，以及如何降低企業跨境運作的制度性成本。本報告提出的聯通深港跨境「雙總部」的建議涉及突破傳統屬地管轄與監管習慣，需要中央授權及修改法律與監管條例。

與橫琴粵澳深度合作區實行的「共商共建共管共享」模式不同的是，聯通深港跨境「雙總部」的制度創新不是去再造一套新的制度安排，而是儘可能利用香港與深圳各自現有的行之有效的制度與監管模式，包括讓香港政府及監管部門繼續管理在深圳的香港人與香港企業，讓深圳政府及內地監管部門繼續管理在香港的內地人與內地企業，兩地政府建立協調機制來劃定監管分工及相應的備案機制，但不改變各自的體制。兩地可以探索通過政府或政府委託機構對雙總部企業或雙總部園區以相互持股的合作方式來共享收益、共

擔責任，將傳統兩地在招商引資與吸引人才方面的競爭關係轉變成共同持股、相互依存、共同招商引資、共同吸引人才的深度制度性（非行政性）合作關係。

（二）從粗放式屬地監管轉向針對市場主體的跨境精準監管

深港合作的關鍵是要真正發揮各自的優勢與潛力，這就要求兩地突破傳統屬地管轄的習慣。在數字經濟時代，許多交易與互動在線上，重要的是交易雙方的市場主體，而不是地點。數字技術提供了對市場主體直接進行精準監管的可能性，而不需要擔心其業務運作的地點。這就意味着在一個特定的物理空間可以疊加不同的體制機制。比如，深圳灣口岸與香港西九龍高鐵站的「一地兩檢」就突破了傳統的屬地監管模式，實現深港兩地海關與邊檢服務在同一地點制度性疊加並行，大大提升通關便利性。

（三）銜接並充分利用兩地不同監管規則與行業標準

在「一國兩制」下，深港合作的關鍵在於規則與機制的銜接，以及用好兩地行之有效的好規則。比如：

在建築領域，前海引入了香港工程建設管理模式，並出台政策解決香港工程建設領域專業機構和專業人士在深圳執業的問題。

在教育領域，香港中文大學（深圳）直接用港中大學位標準，成功在深圳辦一所國際化大學，吸引了大量國際頂尖學者落戶深圳。深圳香港培僑書院、龍華信義學校採用深港雙軌制教學模式，解決了深港兩地學童跨境入學、港籍學生在深就學及考試問題。

在醫療領域，香港大學深圳醫院通過引進香港的制度與管理理念、醫生及設備，在深圳成功創立了一個國際化醫院，也解決了港人跨境醫療服務的問題。

在法律仲裁領域，深圳國際仲裁院創設「港澳調解＋深圳仲裁

＋跨境執行」的跨境商事爭議解決模式，將香港的一些法律實踐延伸到了深圳。

如果「一地兩檢」是完整的「雙總部機構通」案例，以上實踐案例可以算不完整的「雙總部規則通」探索。

規則與機制銜接是對兩地制度、法律和規則的差異保持尊重並加以利用，並提出符合實際需要的銜接措施，而不是花太多精力與資源去改變行之有效的香港體制或內地體制，也不是企圖重新製造一個新的體制（如橫琴合作區新體制就面臨許多係統性不兼容問題）。

有不少專家從歐盟經驗得出深港甚至整個粵港澳大灣區應該朝一體化及統一市場方向發展，理由是歐盟不同國家都可以用同一貨幣並建立歐盟統一市場及跨歐盟國家的單一通行證金融牌照，為甚麼我們一國之內香港與深圳之間不可以學歐盟，這些觀點其實是誤解了「一國兩制」。「一國兩制」的背景是中國特色的現代化與西方國家的現代化有顯著差別，而香港保留了西方現代化的許多制度體系，是我國重要的外循環平台。因此，從國家雙循環發展戰略看，我們並不希望將香港改造成另一個上海或深圳，而是希望維持香港與西方現代化類似的制度體系，以便更好地利用香港「引進來」與「走出去」。本報告提出的雙總部機制的價值就在於既可以確保「一國兩制」行穩致遠，又可以推動雙循環更緊密銜接，實現深港優勢疊加、短板互補。

（原載《政策與實踐參考》2023 年第 10 期）

以港深合作新機制
激活兩地企業發展動能和潛能

過去 40 年，香港和深圳的合作非常好，使中國融入全球供應鏈，也就是工業化。但是，現在遇到很大的挑戰，主要原因是過去合作的要素比較簡單，通過「三來一補」、「前店後廠」，或通過設立保稅區把問題解決了，深圳主要提供土地和勞動力，香港主要提供全球供應鏈的連接。但今後我們面臨創新、新興產業等一系列問題，人才、資金、信息要素有非常複雜的特徵。核心問題是我們遇到科技創新和新興產業為甚麼這麼難？主要有三個原因：

一是企業的科技創新失敗率非常高，大部分都失敗了，所以需要資本市場，特別是股票市場來分散、吸收風險。香港有全世界最領先的 IPO 市場，集資額超過美國和中國兩個股票市場。問題是香港離岸上市以後很多企業的運作在內地，香港和內地之間怎麼合作？這是一個問題。

二是新興產業的發展不確定性非常高，包括碳機遇有很多不確定性。不確定性就需要企業家有冒險精神去試錯、去找到市場。香港的企業家冒險環境非常好，但真正的需求主要在內地，包括老百姓的需求和國家安全方面國防的需求都來自內地，怎麼把這兩個融合起來？

三是最關鍵的人才問題。企業創新和產業發展的關鍵是科技人才和企業家，現在的問題是很多年輕人到歐美留學，留學之後就

留在當地了。華人企業家遍佈全球，我們該如何把他們吸引回粵港澳大灣區？能吸引他們的包括生活方式、營商環境、社會文化和生態環境。所以，現在的關鍵問題是粵港澳大灣區有兩個循環，一個是基於人民幣的在岸市場體系，另一個是基於港幣的離岸市場外循環體系，其中一個是資本主義，一個是社會主義，它們中間需要有一個銜接，怎麼進行這個銜接就是我今天講的最主要的問題。

可以說我們過去遇到的都是一些系統性的問題，是因為雙體系銜接與聯通不暢制約了我們的創新和產業發展。雙體系的矛盾我這裏列了四個，一個是人才跨境流通，也就是通關矛盾；二是數據和信息跨境流動與監管，內地與香港兩個系統之間存在矛盾；三是企業需要跨境運作，但跨境運作和監管非常複雜；四是內地有外匯管制問題，而香港是完全開放。所以在深港合作、粵港澳大灣區城市間合作方面遇到了一些很實在的問題，尤其是在企業層次。

這些矛盾如果得不到解決會帶來很多深層次的問題，包括：香港沒有發展腹地、產業空洞化、住房短缺、收入與財富兩極化、人口與經濟規模受限、有些優勢行業結構扭曲。深圳也存在許多問題，比如在科創、金融、綠色等新興產業的發展方面還是受制於在岸體制的限制，不容易邁向國際一流水平。怎麼解決這個問題？主要從兩個層次着手，一是從頂層設計的層次；二是從底層運作的邏輯。

就頂層設計而言，我們既然是從國家角度是雙循環的銜接帶，就應該充分利用「特區中的特區」的制度，建立一個跨境合作的區域。我建議利用香港北部都會區的一部分區域建立實體片區，同時在深圳設立虛擬片區。深度合作區解決甚麼問題呢？雙方政府需要合作，特別是監管方面。最重要的還是企業跨境需要雙總部，這是

底層運作邏輯的反應和需要。如果深度合作區被允許建立，這將是一個很好的制度創新，深港兩地跨境運營的企業在香港註冊第一總部，是不是可以允許企業在深圳或者粵港澳大灣區其他城市有跨境營運的第二總部？第二總部的監管就歸香港，但兩個總部加起來的利潤和稅收可以共享，相反也是一樣可以的。如果我們在香港「一線」和「二線」之間劃一塊地方作為實體片區。而在深圳有很多園區，如前海、河套、香蜜湖可以作為虛擬片區。

為甚麼說是虛擬片區？因為我們不需要對它們進行行政區劃分或者地理空間的監管，真正需要的是對企業的精準監管。精準監管現在已經有技術可以實現，離岸的企業由香港管，但可以在深圳設第二總部。在岸的企業由國內監管，可以在香港的北部都會區設一個營運總部，通過跨境精準監管就可以避免一些風險。兩地既有合作，也有分工，協同監管備案便可以跨境運作。

我認為這個模式可以解決很多問題，這裏面有利益共享，兩個跨境的營運總部實際上是一家企業，在不同的內循環和外循環的體制內工作，應該並表處理稅收和 GDP，由兩地政府共享，這就解決了兩地政府間惡性競爭的問題。當然這一切都需要地方立法和簽訂協議，需要中央授權特事特辦，這樣才有可能建立雙體系，雙循環銜接的長期機制。

深度合作的基礎是要在深港合作方面有關鍵底層邏輯的突破，因為我們過去的合作主要是做基礎設施、房地產，然後是優惠政策，實際上沒有解決很多企業需要的跨境、跨雙體系運作的現實問題。政府的壓力、工作量和財政負擔增加了，但企業的盈利、就業和稅收卻沒有顯著提升。如果深港兩地能建立雙總部的底層邏輯，兩地就可以共同吸引全球最優秀的企業和最優秀的人才，可以共享

稅收，而且因為有精準的數字監管，風險是可控的，並可以按照市場的需要擴容，特別是可以大幅度減少地方之間的惡性競爭。

另外，通過這樣的方式，企業成為深港合作的主體，充分激活企業的主動性，企業可以主動地選擇需要運作的環境，政府只是幫助協調。這可以真正的解決在企業層次上跨境的人流、物流、資金流、信息流的相關問題。企業有香港總部，可以獲得香港更國際化、市場化、開放化的營商環境，同時有深圳總部就能獲得內地巨大的腹地和發展空間。

雙總部和合作區的概念可以幫助香港作為國家外循環平台擴容，真正的提升深圳國際化營商環境和城市競爭力，可以顛覆性地破解深港合作的困局。最後，通過營造一個全新的雙體系、雙循環合作的大環境，可以吸引外部流入式增量的發展並持續改善兩地產業結構，提升粵港澳大灣區的競爭力。

（原載《香港國際金融評論》2022 年總第 9 期）

利用數字技術從企業層面探索跨境金融監管

粵港澳大灣區是創新的沃土，內部卻存在着兩套市場體系，包括九個內地城市的「在岸市場」及港澳的「離岸市場」，兩個市場間監管、外匯管制等存在差異，不同金融體系之間如何跨境交易，需要各方協同應對、試驗及突破。

數字化最顯著的特點是降低交易成本

數字金融是數字經濟的一部分，粵港澳大灣區的建設基礎是「一個國家、兩種制度、三個法域和關稅區、流通三種貨幣」，其數字經濟的發展跟其他地方也有些不同。首先要釐清數字經濟的邏輯，數字化最顯著的一個特點就是降低了交易成本，在產權界定清楚的情況下，交易量會大大增加，過程互利，釋放極大生產力，但當存在兩套不同的產權體系時，兩個體系之間的交易就會存在一定程度的障礙。這一方面意味着它有巨大的潛力，因為兩個不同的體系存在所謂的比較優勢，如果能夠相互合作，讓不同體系的數據能夠相互流通，發展空間是巨大的。但另一方面，兩個不同體系之間的數據交換，是受到各自監管體系約束的，這就變得非常複雜了。香港的數字經濟是比較開放的，比如對加密資產是允許的，但內地對加密貨幣是嚴格禁止的。另外，港澳的經濟規模相對較小，以香港最早發明的「八達通」為例，它一直還是停留在地鐵、超市這些

付費，而內地的支付寶、微信支付等發展和進化很快，因為市場規模比較大，它在交易過程中也有動力不斷完善。至於粵港澳三地的數字信貸、保險、理財等業務，根據各自的比較優勢，則各有千秋，呈現多樣化發展的趨勢。

這裏面存在路徑依賴的問題。香港的八達通最早發明的時候，實際上很快被內地借鑒，內地的地鐵也有用類似的卡，以前國外的信用卡非常發達，最後內地也學了。在香港，當八達通非常方便時，大家都已經習慣用它去超市買東西、去餐館吃飯，那麼就缺乏動力去改變已有的習慣，用八達通的成本實際上很低，不會想到再去弄手機的支付程序。但在內地的情況不一樣，在支付方式上，很多地區是直接從無到有，而且阿里和騰訊擁有非常巨大的用戶羣，從商業模式來講，通過手機 APP 的形式，騰訊的微信已經把人與人聯繫起來，阿里則通過淘寶等平台把用戶和商家聯繫起來，在平台構建的系統和商業模式基礎上，經常有轉賬等支付場景，支付業務很容易就出現了。然而在香港，線上支付並沒有一個大平台作為基礎，現在當然也有一些線上支付的應用程序，但是應用並不是很廣泛，也缺乏市場規模，每一筆支付的盈利是很小的，不像阿里和騰訊的支付業務可以靠平台和龐大的用戶羣做大經濟規模。

香港的數字金融發展是存在路徑依賴的，香港在整個金融業方面走在更前面，因為它與全球金融業基本上是同步發展過來的，過去非數字的金融基礎設施做得非常好，但人口規模相對較小，差不多 700 萬，變化很慢，而金融交易量和金融資產跟人口比是相當龐大的。不管是內地還是香港，實際上整個金融業都已經數字化，但從數字化平台的基礎設施的角度來看，內地反而發展更快，主要原因是市場非常龐大，數字金融服務從無到有，各種數字平台的競

爭也非常激烈。香港由於規模的限制，數字平台的發展其實不是那麼快，但是它在個別領域的發展非常快，比如一個股票市場的買賣程序，因為它基本上是對全球開放的，市場化程度高，國際化程度高，作為離岸的金融中心，在數字經濟時代，其數字金融發展也有比較優勢。另外，不論對於數字金融本身的創新發展還是其他，其資金進出的自由、營商環境、生活方式對於企業家而言也是有吸引力的。

利用數字技術精準監管跨境交易

過去不管是經濟還是金融，監管往往是從物理空間和行政區劃的角度進行，人才、資金等要素的跨境流動受到限制，進而導致香港和內地的合作存在相應困難。而對於數字金融來說，隨着數字技術發展，監管可以從以物理空間和行政區劃為基礎，演變到以市場主體為基礎，進行精準監管，突破物理空間的限制。比如離岸業務由香港來監管，但有些離岸的業務，企業和人其實不一定限制在香港本土，比如放在橫琴、前海、南沙等平台或合作區，這在過去是不可想像的，但現在是有可能的，而且可以對特殊的資金通道進行精準監管，隨着數字技術的發展，監管手段也在發展進化。在突破了物理空間的限制以後，交易成本會降低。離岸業務背後有很多跨境元素，做離岸業務的金融機構如果在內地有分支機構，在內地可以直接享受，效率就提高很多了，這對做跨境業務是非常有幫助的，香港的制度環境可以延伸到前海、橫琴、南沙等平台，效率會大大提高。實際上內地很多企業需要做跨境業務，數字技術的發展讓兩個不同的體系能夠更好地銜接，創造了很多的機會。

現在香港跟內地的合作區和平台已經有好幾個了，在合作區裏面都有一些探索。比如香港的一些金融機構在南沙落地，如果按照香港的方式來，南沙畢竟也要符合各個部委各方面的監管要求，裏面難免存在兩個不同體系之間系統性的衝突，到底是由誰來監管，這裏仍然存在問題。有了數字監管技術，實際上在合作區可以營造香港的制度環境，這對香港的市場主體包括年輕人就會很有吸引力了。跑到深圳，跑到前海，跑到南沙，完全可以看到歸香港監管的銀行，而物理空間還有一些生產要素都是在內地的，這些企業的GDP、稅收也應該是兩地共享，相當於把香港的一些生活方式和營商環境延伸到了深度合作區。基於數字監管技術，雖然企業的營運中心物理上不在香港，但通過數字技術，遠程身份認證等手段，仍然可以實現精準監管，這是潛在的發展方向。香港有物理空間的限制，如果採取這種相互嵌入式的開放，通過數字技術，實際上把香港的物理空間擴大了，同時內地又通過香港的離岸經濟嵌入，使得內地的開放程度進一步提升，做離岸業務就方便很多了，走出去也會方便很多了。如何利用數字技術的革命性的潛力，既維護一國兩制，保證離岸和在岸的區別，同時使人、信息、資金等要素流通更靈活，更有效，更安全，更可持續，現在成為一項重要課題。香港和內地的數字經濟都會按照自己的邏輯不斷發展，這兩個經濟如何聯通銜接，尤其在企業最底層的營運模式方面如何有一些突破，這個地方如果能夠下功夫的話，會帶來巨大的生產力的釋放。

從企業層次開展制度創新和跨境監管

香港的監管理念，實際上是從保護投資者權益的角度去監管

的，主要考慮對消費者有無風險，比較鼓勵創新和市場化運作，監管的主要的目的是為了讓消費者能夠清楚認識到風險，只要認識到風險，自願去承擔風險，作為市場行為基本上是被允許的。所以從這個意義上來講，數字資產作為一類新的資產，在香港是很容易被接受的，那麼在監管的過程當中，這種數字資產發行時，首先問題是誰可以買，如果所有老百姓都可以買，那監管就很嚴，差不多跟股票市場監管是一樣的，而如果只是一些高淨值的專業人士可以買，那監管會鬆一些，就類似於股票市場的一些延伸產品。所以它的理念是從保護投資者的角度出發，作為一個開放的市場化金融體系，它的數字金融也是走在前面的，相較而言，內地的監管的風格更像是父母官，更謹慎，因為市場非常龐大，不同級別的投資者規模都非常龐大，從監管的角度，也會更謹慎一些。

雙體系並行，是粵港澳大灣區特有的一個背景，首先要意識到這兩個體系不太可能變成同一個體系，在這種情況下，數字金融創新和數字監管能夠如何進行？如何讓這兩套體系能夠在一些深度合作區同時存在，對監管部門來說非常困難，監管部門原來傳統的觀念就是自己負責管的得管好，不能出風險。我認為在這些深度合作區，實際上需要在中央層面有一個頂層設計，在這些合作區有一些特殊安排，特殊安排並不是說要改變香港或者內地的體制，比如說香港是沒有外匯管制的，那不能夠說增加外匯管制，內地是有外匯管制的，不能說取消外匯管制。特殊的安排就類似於當年深圳經濟特區這些特殊的安排，在企業層次可以選一些，白名單合格企業，在信息、人才、資金等方面的跨境流通有一些特殊安排，有了數字技術，它們是可以精準監管的，風險是非常有限的，但是效果可能非常大，因為把兩個不同的系統通過這種特殊安排連接起來，那麼

會釋放核聚變級別的生產力，因為這種釋放需要可控，如果不可控就爆炸了。粵港澳大灣區有條件採取這種可控的、核聚變能量級的制度安排，讓兩個不同的體系深度連接。

核心原則就是，企業可以跨境營運，但是監管還是要有歸屬。如果是離岸業務，那還是歸香港監管，如果是在岸業務，那還是歸內地來管，在岸的意思就是資金不能流出，有外匯管制，保證離岸體系跟在岸體系分明，也不會造成資金外逃等問題，解決企業層面跨境運作的實際問題，需要各方面努力，政策方面中央需要有頂層設計，類似於橫琴那種制度安排，兩地領導一起負責合作區，有一些特事特辦，但是在底層邏輯方面，我覺得必須在企業這個層次開展，企業和人都是重要市場主體，在市場主體層次需要有合適的監管分工和合作，分工就是說離岸的歸香港管，在岸的歸內地管，但如果離岸的企業在內地運作，要在內地備案，備案就是說我知道你在做甚麼，但是我不管你，除非你有對市場不利的行為，互相備案，這樣可以推動各個產業未來的發展。

內地現在跟香港的金融監管部門已經有一些沙盒的監管合作備忘錄，在這個基礎上需要加強，尤其在企業層次如何創新，最核心的一個問題就是要解決企業跨境、跨系統運作的邏輯問題，這個運作邏輯其實就跟監管有關，在監管方面需要突破以行政區劃和地理空間監管的概念，可能最好的探索方式是在這些合作區內選一些有代表性的企業，來探索跨境監管、跨系統監管。

（根據 2022 年《南方日報》的採訪整理）

第五章

「一國兩制」的制度優勢
與優勢疊加

「一國兩制」下雙循環的制度創新

雙循環發展戰略的背景與粵港澳大灣區定位

在新冠肺炎疫情的衝擊下，全球經濟面臨深度衰退，經濟增長的外部環境持續惡化，中美摩擦全面升級，逆全球化思潮與中美脫鈎威脅疊加，外向型經濟發展受阻。2020 年 7 月，中央政治局會議首次提出雙循環發展格局，10 月的十九屆五中全會通過「十四五」規劃綱要建議，提出「暢通國內大循環，促進國內國際雙循環」。

需要強調的是，粵港澳大灣區是內外循環的關鍵交界地帶，如何在粵港澳大灣區進行制度創新意義非凡。此外，有必要將粵港澳大灣區、海南自由貿易港，以及全國 20 多個自貿片區看成中國正在形成的一個離岸經濟金融生態圈。

在「一國兩制」下，中國內地與香港有兩個不同的制度生態環境，使用兩種不同的貨幣，以及兩種不同的法律體系。兩個地區之間的優勢和劣勢經常被討論，其中香港的優勢對中國過去 40 年的發展貢獻非常大。但香港存在如下短板：一是物理空間小，二是市場空間小，除此之外還有一些體制需要完善的領域。香港在經濟、金融方面非常發達，過去兩年無論是疫情還是動亂，都未影響到香港的金融業，市場反而繼續擴展。但由於金融業做得特別優秀，形成某些行業過高的壟斷性利潤，包括金融與地產。在這種大環

境下，香港無法支持除金融和地產以外的其他產業，這是較為遺憾的，這正是香港和粵港澳大灣區其他城市需要整合的一個原因。

兩套金融生態體系有限度並行促進外循環發展

香港是世界頂尖的離岸自由貿易港和離岸國際金融中心。香港作為超級聯絡人平台有很多優勢，但其自身也存在短板，特別是需要在物理及市場空間方面擴容。如何讓香港的制度優勢為更多的實體經濟服務，讓粵港澳大灣區和其他自貿區內的經濟實體，在離岸和跨境環境下受益，並在受益的同時幫助香港解決自身難以解決的問題，都是當前香港和粵港澳大灣區其他城市面臨的挑戰。

在經濟與金融市場的整合的過程中，貨幣體系，特別是其記賬標準和監管系統，是極其重要的。貨幣實際上是監管的最重要媒介，美國的長臂管轄就是通過美元系統，具體來說是通過美元的監管系統來實施的。美元匯率對我們的影響並不是主要的，來自美元體系的主要威脅是美國將美元充當監管媒介並以地緣政治目標來實施長臂管轄。香港具備完整的金融市場體系，其中港幣作用很大。雖然港幣與美元掛鉤，但這種掛鉤只影響到港幣兌美元匯率，不影響在港幣基礎上形成的銀行、房地產、抵押貸款、股票市場、債券市場，還有各種風險投資的市場運作體系，這個完整的、經過考驗的港幣監管與制度生態體系非常重要。

現在問題在於全球最重要的貨幣生態體系是美元，然後才是人民幣。香港的港幣生態體系實際上成為中國離岸金融市場的一個最重要的監管媒介。這種港幣作為監管媒介的功能在過去被忽略，未發揮其應有的更大作用。

隨着中美關係的緊張以及周邊局勢的動盪，以美元計價的大量中國海外資產安全成為一個問題，需要警惕美國將美元武器化，通過 SWIFT 跨境資金流通信息系統等機制，對中國企業、個人及與中國相關的離岸項目以長臂管轄為藉口（如反洗錢、反恐、經濟制裁），實施精準打擊打壓（類似針對華為的制裁）。也就是說在美元主導的國際金融秩序下，中國的跨境貿易、跨境投資與離岸資產的維護將面臨嚴峻的挑戰。我們在海外的很多離岸資產變得不那麼安全，但是在香港的資產，卻是非常安全的。所以很多海外上市企業要回歸，一般都選擇回到香港，因為希望既安全，又保持資產的離岸性質。

　　現在面臨的挑戰是如何利用粵港澳大灣區的空間，包括物理空間和市場空間（內地市場的深度、廣度，包括科技、製造、基礎設施等領域）來方便港企港人拓展其以港幣為基礎的離岸與跨境業務，充分發揮港企港人的比較優勢；促進粵港澳大灣區在國家外循環發展方面與香港緊密合作、互補共贏；還需要考慮進一步將港幣經濟金融體系升級為承接中國離岸資產與財富管理的一個世界級離岸國際金融平台，以防範美國濫用美元平台。

　　香港的國際金融中心主要優勢在於交易所 IPO 上市集資，但在債券市場方面沒有優勢。原因是香港政府既無內債，又無外債，而且財政盈餘都超過兩年的預算。政府不發港幣債，港幣又與美元掛鈎，港幣債券市場非常小，沒有規模形成合適的港幣利率回報曲線，企業發債一般發美元債（流動性更好），而港幣主要是用於銀行和上市業務。

　　粵港澳大灣區在金融方面的合作與融合非常需要進一步解放思想，創新制度改革思路，找到突破口。我們可以考慮讓港幣與人

民幣兩套金融生態體系在粵港澳大灣區的一些自貿區和國際金融中心並行。

港幣的離岸金融制度生態體系對中國的外循環發展非常重要，不光是港澳，還有海南自由港及 20 多個分佈全國的自貿區，這些都屬於中國外循環中的核心力量，但它們目前還沒有一個合適的、完整的制度生態體系。而為外循環服務的制度生態體系必須有一個載體、有一個平台，其實就像手機的操作系統，在金融領域的操作系統就是貨幣，因為所有的金融政策、監管與產品都必須建立在一個貨幣及其相關的監管體系之上。

一旦港幣在粵港澳大灣區的有限度使用與流通成為可能，會大大提升港幣作為中國海外離岸資產與財富管理平台的規模與流動性，我們以美元計價的海外資產（包括外匯儲備）中的一部分就可以轉為港幣資產，而對「一帶一路」沿線國家的跨境貿易和投資也可以採用港幣結算，在粵港澳大灣區的港資外資銀行也可以利用其「港幣—人民幣」雙貨幣並行的優勢做好相關的「人民幣—港幣」跨境金融服務，而不必用到美元及 SWIFT 系統（這是關鍵，需要進一步研究），這對於提高中國海外資產的安全性，促進「一帶一路」各國合作，發揮港資外資銀行的比較優勢都具有創新性、建設性和可操作的積極意義。

推動港幣與人民幣體系有限度雙軌並行

橫琴新區的隔壁是澳門，這裏特別需要強調，就中國城市而言，澳門是一個產業非常單調且很小的城市，其作為「一國兩制」的樣板很寶貴，但從未來的發展來看，澳門沒有形成一個完整的以

澳門幣為基礎的監管環境，所以將澳門幣或澳門的監管體系作為橫琴未來合作發展的試點框架，應慎重考慮。橫琴可在香港（港幣）生態體系或內地（人民幣）生態體系中作出選擇，但我認為更好的思路是在橫琴試點港幣與人民幣體系有限度並行，為推動粵港澳大灣區市場一體化作出貢獻，而不是又創造一個分割的市場。

香港的證券市場由原來的四個證券交易所合併為一家，在歷史上是合理的，因為香港市場當初很小。然而今天，當香港已經成為中國，甚至全球最重要的離岸市場時，香港應該有更多的交易所可以相互競爭。新的證券交易所，也許可以選擇設在橫琴，但可以考慮用港幣與人民幣並行的監管制度體系，也就是交易貨幣可選擇同時用港幣和人民幣。這種雙幣並行的制度創新，在橫琴是有可能實現的，重要的是需要解放思想，而且要站在全球環境視野上，及目前的雙循環發展戰略來考慮。

貨幣是監管的媒介，是金融生態體系的「根」基礎設施。過去我們可能沒有意識到，也沒有足夠重視。在金融生態體系裏，首先是有貨幣及其監管系統，然後才有各種金融產品，如保險、股票、債券、風投、銀行抵押貸款等，這樣才能使投資者可以在各種產品之間配置資源、配置資產。目前已經有香港這樣的比較完善的離岸自由貿易港作為榜樣，新建的海南自由貿易港，還有許多其他的自貿片區裏面的實體都需要有完整的、系統集成的制度環境。要使這裏提出的想法真正落實，一定要關注頂層設計和系統集成。在這過程中貨幣應作為「根」基礎設施，沒有貨幣這個「根」，「大樹」便長不起來，在「根」上多花點功夫，是當務之急。幸運的是，因為有「一國兩制」這樣有優勢的制度、香港完善的港幣監管系統，以及其與全球美元、歐元等市場無縫銜接的離岸生態體系，粵港澳大灣

區可以充分利用這些在金融制度與監管方面的優勢。

這裏的思路並不是要將中國的資本賬戶全部開放，恰恰相反，是不改變中國內地與香港特區存量法律與監管制度的條件下，也就是對兩地宏觀經濟金融管理沒有太大衝擊的前提下，在邊際上、增量上進行雙贏的低風險、高回報、可操作的制度創新；也是將粵港澳大灣區未來的發展方向界定得更清楚，包括橫琴將來要向離岸及香港的市場生態體系靠攏。現在需要做的是通過金融科技，將橫琴與內地的聯繫適當切割（離岸與在岸），切割得越清楚，橫琴向離岸和開放系統轉型的風險就越小，與香港體系的融合就越容易越徹底。如果在橫琴或澳門建一個新的交易所，我認為該交易所可直接對標香港交易所，包括借用香港的制度環境，可以考慮港交所與深交所同時入股來創造共贏的制度機制。

同時，在同一個物理空間，同一個交易所，也可以同時加入港幣與人民幣兩種金融產品，這就是前面提到的人民幣與港幣金融體系並行的制度創新。該交易所交易人民幣金融產品時，就意味着與上交所、深交所的金融產品有一些競爭，同時接受內地監管，而交易港幣產品時，就與港交所有一定的競爭，同時接受香港監管。我們可以將這種競爭與監管界定清楚，然後兩個並行的生態體系就可以發揮各自的作用，迸發揮得更充分，達到互補共贏的目標。

兩幣在自貿區並行面臨的風險和挑戰

人民幣國際化最重要的就是跨境使用，有一種觀點認為人民幣國際化需要離岸人民幣的發展，我並不認同。不管離岸還是在岸，只要是人民幣，其背後的資產就是在岸資產。我們希望更多的外國

投資者持有人民幣資產，包括在岸與離岸人民幣。而離岸人民幣實質上只是賬戶中暫時持有的虛擬資產形態，且隨時會發生變化，或者回流到在岸市場成為在岸人民幣資產，或者轉換成外幣變成持有離岸外幣資產。在人民幣還沒有成為像美元那樣的主要國際儲備貨幣之前，離岸人民幣市場是不容易穩定發展的。即使未來數字人民幣可以承擔許多跨境及離岸交易，離岸數字人民幣也不可能作為一個海外的獨立監管媒介與平台來構建一個像香港一樣的以離岸人民幣計價及監管的金融市場體系。當初的歐洲美元就是離岸美元，只是英國倫敦金融市場體系中的一種資產，未來在香港的離岸人民幣，不管是以數字還是非數字形式，都會是以一種資產狀態存在，也許是可以承載更多功能的聰明資產，但香港的金融監管體系必將還是以港幣為基礎，不管港幣未來是與美元、人民幣或 SDR 掛鈎。

人民幣國際化，不能只看人民幣交易市場份額大小，而應注重人民幣在岸資產全球市場定價的可靠性、流動性，也就是方便外國人以外幣購買人民幣資產。同時也需要注重方便中國人以人民幣購買外幣離岸資產。後者短期內不容易實現，但可以設想以港幣離岸資產為過渡，讓中國居民先嘗試持有以港幣計價、交易、持有的香港或大香港（包括粵港澳大灣區、海南自由港及內地自貿片區）的離岸港幣資產。

作為一項全新的制度改革嘗試，兩幣並行必然面臨風險和挑戰，從央行的角度看，人民幣是中國的法定貨幣，推行港幣在粵港澳大灣區流通就需要在法律上允許「一國兩幣」，這個在「一國兩制」下並沒有太大的問題。有些人會擔心，一旦放開港幣在內地的使用與流通，會不會導致大量的資本外逃？美國會不會利用港幣與美元掛鈎的事實卡中國脖子？回應這些風險擔憂，需要明確這裏提

出的放寬港幣在粵港澳大灣區的使用與流通，並不是全方位的完全放開港幣與人民幣的交易，而是在鄰近香港的一些自貿片區，如先在前海、橫琴、南沙以及有計劃成為國際金融中心的一些片區小範圍推行試點港幣在內地有限度的使用，而且只是開放給特定的與離岸及跨境金融服務相關的合格機構和個人，即可以設立全面的資質審核，並可以利用區塊鏈、人工智能、大數據、央行數字貨幣等金融科技監管手段將風險控制在可接受範圍內。

至於港幣與美元掛鈎的問題，我們需要明白掛鈎只是價值的掛鈎，美元匯率的變動會影響到港幣，而且香港的貨幣政策和利率會與美國一樣。但是，港幣在香港（及未來可以用港幣的粵港澳大灣區自貿片區）是自成一個獨立的監管體系，美國無法對其施加直接影響。在極端情況下，港幣可以改為與人民幣掛鈎。港幣與人民幣掛鈎與香港直接使用人民幣是完全不同的。後者就取消了港幣及建立在其之上的港幣監管及金融產品體系，實際上會消滅香港作為中國離岸資產與財富的積聚地的優勢。港幣，如果有需要，也可以與 IMF 一籃子貨幣 SDR 掛鈎形成一個「超主權衍生貨幣」，其對於「一帶一路」離岸金融業務及未來去美元化，或防止美國濫用美元特權將美元體系武器化有重要現實意義。

另外值得一提的是，允許港幣在粵港澳大灣區有限度合法使用與流通，實際上能夠逐步削弱地下錢莊的非法交易。在人民幣不能完全自由兌換的情況下，一部分資金會通過地下錢莊同時控制的在岸人民幣資金池和離岸港幣資金池來完成交易，而在交易過程中大部分資金並不需要物理或電子意義上的跨境。其中的奧妙就是同一段時期內，通常會有內地資金流出到香港，也會有香港資金流入內地，當這些流進流出的資金經過同一主體控制的位於兩地的資金池

時，流進與流出資金會相互抵銷。這正是深港通與滬港通運作的基本原理，實際的淨資本跨境流動是不大的。另一方面，合法的金融機構通常比非法的地下錢莊規模要大，且透明度高，並必須接受監管，一定會比地下錢莊更安全、更有競爭力地管理這兩個資金池。允許港幣在粵港澳大灣區有限度使用與流通相當於將地下錢莊的風險化暗為明，便於控制和化解。

如果港幣可以在內地有適當的空間來使用與流通，那麼很多港人港企來粵港澳大灣區其他城市就變得如魚得水，原因是他們可以所熟悉的香港金融監管環境下在內地以更低成本更大規模地運作。同時，內地企業要做跨境及離岸業務，包括「一帶一路」的業務，也會變得比較容易，因為這兩套貨幣體系在粵港澳大灣區的同一個地理及市場空間有並行的載體平台，便於溝通、學習及互補，可以更快更好地培育一批內地的國際金融服務中心。

香港未來的定位可以是創造及管理中國離岸財富的中心，這個定位在雙循環國家發展戰略下愈發清晰。在海外的地緣政治比較複雜的情況下，整個粵港澳大灣區形成相當活躍、相當開放的離岸金融業務，非常有利於在粵港澳大灣區形成以香港監管體系為基礎的專注跨境金融和海外財富管理的國際金融中心集羣，對中國雙循環發展戰略作出其他地區無法替代的重要貢獻。

（原載《北大金融評論》2021 年第 2 期）

深圳特區制度創新的前景與選擇

中國現有發展模式面臨的挑戰

中國於 1978 年開始實行務實和試驗性的市場化改革和對外開放政策，改革試驗最初僅在有限的地理區域內進行，包括深圳經濟特區。當初，外商（主要是香港製造商）被允許在深圳設立工廠，生產用於出口的產品，這類改革又被複製到其他地區，並最終在全國範圍內採用，取得了巨大成功，激發了民營經濟的崛起，實現了高增長，使數億人口擺脫了貧困，並使中國步入大國地位。

儘管目前中國的民營部門貢獻了 GDP 的 60% 和城市就業的 80%，但國有企業依然能夠獲得優先融資、優惠的監管待遇和更安全的產權，國家在設定發展重點和和基礎設施方面仍然發揮着積極作用。在過去的 40 年中，中國這種國有與民營並進及逐步雙向開放的發展模式在很低的基數上產生了很高的經濟增長，並在 2018 年達到了人均 GDP 9776 美元的新興中等收入國家水平。

但是，從本世紀初開始，中國的貿易順差與外匯儲備激增，對國際貿易和貨幣體系的影響已經不可忽視。到 2007 年，中國的貿易順差達到 GDP 的 10.1%；而到 2014 年 6 月，外匯儲備達到四萬億美元。此後，這些問題有所緩解，中國的經常賬戶目前已接近平衡，2018 年的順差僅相當於 GDP 的 0.4%；到 2019 年 8 月，外匯儲備已降至 3.1 萬億美元。放寬對外國投資的限制，導致 2018 年

FDI 達到創紀錄的 1,350 億美元。美國及其他貿易夥伴持續抱怨不公平的貿易行為，包括封閉市場、強迫技術轉讓、盜竊知識產權、國家補貼以及非關稅壁壘。

2018 年，中國對美國的貿易順差達到了 3230 億美元，中國在 5G、人工智能、金融科技和太空探索等領域日益增強的技術實力也被美國及其盟國視為威脅多於貢獻。西方部分鷹派開始質疑中國網絡及軍事地位的提高，以及一些對外開放政策，如出境旅遊與投資和「一帶一路」倡議。2018 年，美國總統唐納德·特朗普對中國發動了貿易戰，對美國和中國乃至世界其他地區均造成損害。2020 年 1 月，中美達成第一階段貿易協議，顯然，中國不能繼續依靠出口帶動的增長，必須轉向以國內消費為主的發展模式。

中國的國內消費從 2010 年 12 月 GDP 的 35.6% 的低點上升至 2018 年 12 月的 39.4%。[1] 但 2018 年投資還是達 GDP 的 45% 之高位，而 2019 年 3 月，社會總債務達到 GDP 的 248%。經濟高速及不平衡發展也導致收入不平等問題，遷居城市的打工者缺乏安全感，普通民眾也擔憂醫療、社會福利和養老金的安排。經濟再平衡的進展遠不如預期的順利，出口仍然是增長的主要驅動力之一。

同時，中國在繁榮時期享有的人口紅利，即年輕工人湧入工廠，如今正處於逆轉狀態。農民工正在返鄉，這進一步減少了城市勞動力供給。由於以前的獨生子女政策，人口正在迅速老齡化，快速增長時代附帶的危害，如水資源枯竭、污染和氣候變化，也讓中國不得不考慮採取行動。中國正在成為可再生能源的全球領導者，但它仍然是世界上最大的碳排放國。

1　CEIC, 2019.

改革開放的三大策略

面對內部和外部兩個方面對中國現有發展模式的嚴峻挑戰，中國要怎麼做？中國的策略似乎可以歸納成三大戰略：內部加倍創新以防範各類逆全球化與「脫鈎」風險、全國範圍開放以回應貿易夥伴的要求、通過「一帶一路」倡議創造更有利的外部環境。

（一）加倍創新

作為一個擁有眾多資源和產業的超大規模經濟體，藉助外商投資帶來的知識以及本土的努力，在高質量的基礎設施和優惠政策的支持下，中國已經建立了世界領先的產業集羣。中國也正在尋求將過去的成功模式帶入即將到來的第四次工業革命，包括利用物聯網、人工智能，甚至量子通信而進行的協同製造。華為是公認的5G技術全球領導者，而中國也正在尋求在芯片製造等戰略領域有所突破。

但面對美國對中國的技術領域貿易與投資的封堵，中國在2015年發佈了「中國製造2025」政策文件，並提出在10個關鍵行業實現自力更生，以及力爭到2025年將國內生產的比重提高到70%，到2049年成為全球製造業強國。可是，世界領導地位意味着與其他國家進行廣泛而深入的貿易，而不是孤立或脫鈎，這與自力更生的政策有矛盾，並被西方一些國家的鷹派進一步曲解及攻擊。

實際上，在國際貿易中，中國是「大而不強」，其產品儘管具有中等質量和價格競爭力，但缺乏能夠與國際領先對手競爭的品牌和服務。加倍創新的策略認識到並試圖解決這一不足，但是中國服務業的不夠開放及欠發達使這一戰略的落實面臨挑戰，信息流通受

阻也不利於創新。

即使在優勢領域，中國也深度依賴外國投入。華為在 5G 設備方面處於領先地位，但其網絡設備使用美國公司的半導體和其他專用組件，華為雖然已經宣佈了製造自己芯片的計劃，國家也已承諾投資芯片製造，但是自力更生的成本很高。而且，隨着中國的經常賬戶盈餘朝着平衡甚至赤字的方向發展，對中國來說，吸引外資進行投資將變得更加重要，這就要求中國能夠創造能夠持久吸引及留住外資、外企及海外人才的環境。

（二）全國範圍的開放

在中美貿易戰中，美國以對進口中國商品加徵關稅為威脅向中國提出了一系列全國範圍開放的要求。這些要求包括：保護外國投資、終止對國有企業的補貼、保護知識產權、禁止強迫技術轉讓以及為外國企業提供公平的競爭環境。為確保協議落實，美國要求所有承諾都應體現在中國法律法規中，以便執法有效並受到監督。

顯然，為了落實未來各種雙邊或多邊貿易協議，中國必須不斷改進現有的經濟發展模式，包括進一步界定國家、地方、社會及市場在經濟中的角色與作用，這些都要求制度創新，特別是在法律、監管及司法系統方面的改革。中國的治理體系與西方不同，許多方面允許各級官員根據具體情況進行解釋及執法，而在全國範圍內改革這些根深蒂固的治理體系需要時間，很不容易。

（三）「一帶一路」倡議

「一帶一路」倡議於 2013 年提出，初衷是中國願意承擔負責任大國的義務，同時也可以平衡美國領導的跨太平洋夥伴關係，該夥伴關係將中國排除在外。儘管美國不支持，「一帶一路」倡議呼籲建設一個更開放的世界秩序，而不是一個由美國和西方主導的秩

序。倡議的主題是互聯互通基礎設施投資，將中國與全球市場更好地聯繫起來，包括建立穿越中亞的古老陸上絲綢之路經濟帶，以及一條從印度洋到非洲的 21 世紀海上絲綢之路。

「一帶一路」倡議已獲得約 138 個國家的支持，其中包括拉美和大洋洲等地區，雖然這些地區不在當初的計劃範圍之內。與「一帶一路」相關的基礎設施投資支出前五年預計約為五萬億美元。多個項目正在進行中，一個新的多邊機構，亞洲基礎設施投資銀行，已經成立運行，用來支持相關融資，但其貢獻與實際需要相比還很小。

世界上欠發達國家非常需要進行基礎設施投資，而中國在國內基礎設施建設方面擁有令人矚目的成績，但是，在「一帶一路」沿線國家成功實施項目遠非易事。「一帶一路」倡議項目是商業項目，也不是無償援助項目，但是欠發達國家當中有許多已經陷入債務困境，如巴基斯坦、斯里蘭卡、蒙古。腐敗是一個全球都有的地方性問題，而貿易保護也導致抵制外來投資與服務，環境和社會影響有時也對「一帶一路」建設有阻礙。與此同時，中國內部也有壓力平衡對外與對內的投資。

所有的「一帶一路」投資與貿易都屬於離岸經濟金融活動，但中國大部分的企業及政府機構並不熟悉離岸經濟金融的制度生態環境，對「一帶一路」沿線國家的制度、文化、營商環境並不足夠熟悉。探索可以被其他國家接受的中國對外貿易與投資模式是一個漫長的過程，也許需要從中國個別更開放的地區開始更系統的試點。

探索特區發展策略

中國加倍創新、全國範圍開放、「一帶一路」倡議三大策略都

是中國在實踐中摸索出來的有利於改進中國發展模式的策略。但是，它們都面臨長期的挑戰、風險和困難。由於它們都是舉國之力正在推進的政策，它們的成功與遇到的問題會在今後一段時間不斷出現，政策也會不斷調整與完善。

但是，我們認為中國還有一個行之有效的策略，可以與以上三大策略同時推進。這就是特區發展策略，特別是特區制度創新的策略。

中國早期的改革開放就是由經濟特區引領的，當時的目的是找到一種路徑，可以將當時的計劃經濟轉向市場經濟。考慮到在全國範圍內改變制度的困難，中國的決策層當時選擇了在地理範圍相對較小的經濟特區裏，允許嘗試新的產業組織形式，包括建立特殊的適合外商投資企業運作的制度環境與政策。在九十年代，各種經濟特區總數激增至 6800 個，這些特區成功地吸引了國內外的投資，使中國走上了以製造業為基礎的高增長道路。近年來，隨着相關政策在全國範圍內的普及，特區的重要性逐漸下降。

然而，從 2013 年起，為了應對國際社會對中國開放的要求，政策制定者開始在上海、海南和其他共 18 個省級地區建立自由貿易區，重新啟用了通過特區來改變制度的策略。但自貿區政策並沒有成功獲得顯著的成果，原因包括它們太小、太缺乏代表性，沒有形成系統的制度生態環境，還無法吸引大規模的外國投資，也無法成為系統性制度改革的平台。自貿區的法規相互並不協調，主要由碎片化的優惠政策堆積而成，也無法突破現有全國性法規。

其實，在特區內進行改革試驗的策略在中國有很長的歷史，可以說中國境內最成功的有相當規模的特區是香港。香港是鴉片戰爭後一個歷史產物，但 1997 年香港回歸後，中國通過「一國兩制」的

方法來管理香港，成功將基於自由市場的香港法治體系與中國對香港的主權結合在一起。香港有自己的憲法，即《基本法》，它源於中國憲法，體現了中國一國的主權，但同時保障了「兩制」原則，維護了香港原有的法治、自由市場和香港居民一直享有的現代社會的各種權利。

在撰寫本文時，社會動盪影響了香港超過半年，這讓香港特區模式變得不那麼令人信服。但是，如果仔細考察，可以發現香港的社會動亂可以追溯到一些本地制度及政策方面的漏洞。例如一國主權的落實並沒有特別清晰地界定，反映了北京歷史上對香港的包容，而香港經濟金融的超常成功，導致了房價太高、收入不平等、本地弱勢羣體實際生活水平停滯不前甚至下降等問題，香港相對弱勢的特區政府對這些新問題新挑戰也沒有應對的經驗。

特別需要指出的是，香港過去一年面臨的問題有其特殊性，但鑒於深圳與香港的歷史發展路徑不同，這些問題不太可能在深圳出現。其實，深圳在解決住房問題上比香港更積極，也有更多的資源（土地及周邊城市的幫助），而住房短缺卻是香港動盪的根本原因之一。

儘管如此，香港對中國過去 40 年高增長的貢獻，一直也將繼續不斷作出巨大和不可替代的貢獻。在過去的 40 年中，經由香港進入內地的國際專業知識、外國投資和互聯互通的機會一直在幫助中國保持高增長以及獲得有利的國際地位。無論是就存量還是流量而言，香港吸引了中國對內和對外投資的一半以上，是中國企業最重要的國際上市目的地，是中國企業獲得外匯貸款的主要渠道，是中國企業「走出去」邁向世界的平台。即使在實物貿易中，香港仍佔中國總額的 6.7%，是其第四大貿易夥伴，隨着全球貿易保護主

義的抬頭，香港對中國的價值將一如既往。

　　而深圳，無論其改革開放的程度如何，都不能完全替代香港；它也不應該嘗試完全替代香港，因為香港是一個同時屬於中國與世界的徹底的離岸經濟體。但深圳在高科技產業、高端製造業，甚至地方治理、行政結構和政策體系等領域都有其特殊的優勢，而這些核心優勢需要進一步的改革與制度創新來加以利用，為中國內地整體的現代化進程找到突破口。

　　深圳的改革需要比自貿區的改革更系統、更徹底、更國際化，沒有突破性的制度創新探索，會浪費寶貴的時間，來尋找中國未來與世界和平共處及深度融合的發展模式。

　　深圳應如何超越自貿區的制度局限？自貿區本質上是對特區模式的嘗試，然而，與香港特區相比，它沒有獲得以下優勢：

　　第一，規模與系統優勢。香港的各種經濟指標比自由貿易區要高得多，其規模足以吸引全球的投資和商業關注。到 1997 年，香港已經是一個非常成功的金融和貿易中心，而自由貿易區大多建立在空曠的未開發土地之上或現有港口附近。也許最重要的是，香港具有自由貿易區普遍缺乏的一種歷史形成的自由貿易文化、精神和認同感。

　　第二，高度自治。在一國兩制下，香港管理自己的生活方式與營商環境，北京則專注於外交事務、國防、國家安全。

　　第三，清晰的內外邊界。香港與內地之間有明確的物理和法律邊界，而自貿區的與非自貿區之間的邊界並不十分明確。這意味着很難控制自貿區試驗的影響與風險。一項允許全國各地的銀行開設「自貿區賬戶」的舉措有可能破壞全國的金融體系，因此很難得到監管者的批准。

第四，憲法基礎。香港擁有自己的憲法（《基本法》），為自由市場體制提供了堅實的基礎；而自由貿易區政策大部分屬於行政性的特殊優惠政策，與正常的國家法規背離，不容易確認其合法性與穩定性。

　　第五，自由市場體制。香港的自由市場體制根深蒂固，對國際人才與企業異常友好，包括低稅率和清晰明瞭及穩定的法規。而自貿區的政策法規限制太多、零碎、缺乏明確性，也沒有統一的自由貿易區法律體系。

　　第六，國際認可的法治體系。香港擁有獨立的國際認可的法院體系來執行國際社會熟悉的法律和法規，而自由貿易區則沒有。有一個例外是上海自由貿易區的法院制度和其更加獨立的知識產權法庭，但這個試點與目前中國的憲法的一致性有待確認。

　　第七，完整系統的地方政府機構。香港有全套的地方政府機構來管理和支持公民生活和企業經營活動，而自貿區則僅設有職能不完整的特設行政辦公室。

　　與現有的自貿區相比，中國最需要的是一個可以快速學習及吸收香港特區優勢的一個地方特區，來探索未來中國最國際化的地方經濟發展模式，深圳顯然是一個最有競爭力的潛在候選人。

深圳制度創新的潛力與選擇

（一）深圳發展奇跡

　　1978 年之前，深圳是一個沉睡的邊境小鎮，有三平方公里土地和三萬人口的漁業和農業社區。現在，它是一個擁有 1290 萬人的大都市（非正式人口為 2000 萬）。深圳的人口、土地面積（1991

平方公里）和經濟規模都已經超過香港。深圳雖然從與香港的毗鄰中受益匪淺，但也已發展出自己獨特的城市標籤和競爭力，從輕工業發展升級到先進技術製造甚至是金融服務業，並擁有中國兩個全國性證券交易所之一。深圳擁有來自全國各地的朝氣蓬勃的最年輕人口，也具有與時俱進的進取心。

深圳是 1980 年啟動的首批四個經濟特區中最特別的一個，它被賦予了最大的試驗自由並獲得了最大的成功。

在 1980 年至 1983 年期間，中央政府將批准某特定規模以下的投資項目的權力下放到地方政府，從而使開發區的概念成為可能。深圳當局進行了一系列市場化改革以改變原有的計劃經濟體制。這些措施涵蓋了建築招標、土地出售、商品分配和勞動力改革，甚至包括了一個服務外國投資者的外匯交易中心。

在第二階段，即 1983 年至 1996 年，重點轉移到了工業上。中央政府於 1988 年授予深圳省級地位，並於 1992 年授予立法權。深圳在頭十年免徵給予中央和省級政府的稅款，為發展騰出了資金。一些國有企業轉為民營，政策允許新的外商所有權形式，並給民營企業更多的自由。勞動力是從全國各地招募的，而深圳大學的成立是為了幫助深圳提供專業和技術人才。

在第三階段，即從 1996 年至今，深圳的成功經驗被複製到了中國其他地方。中國於 2001 年加入世界貿易組織，這帶來了新的機遇，同時要求在全國範圍內將政策規範化。深圳本身受到高昂的勞動力和土地成本的擠壓，因此被推向技術密集型發展。為此，它於 1996 年建立了國家級深圳高新技術產業園，最終建立了 16 個市級和 35 個地方級園區。法規、計劃和行業標準繼而出現，五所國家級大學和研究機構在深圳建立研究基地，另外還建立了 50 多個

虛擬校園。深圳成為了領先的高科技公司（華為、騰訊、富士康、中興和大疆）的總部所在地。

深圳的成功一部分是因為成為了擁有全國首個優惠政策的唯一城市，並具有毗鄰香港的地理優勢。一些無形的資本，例如企業文化、制度結構和人力資本，是長期形成的。深圳將自上而下的制度改革與自下而上的個人、企業與機構的努力進行了強有力的結合。自上而下的制度改革推動力是深圳特區朝正確方向發展的必要條件；此後，更重要的是界定中央與地方管治權的邊界。最後，深圳大量利用了外部資源，即外國公司和非本地大學，這些團體還具有獨立於地方當局的特殊優勢，鼓勵了獨立、多元及國際化的深圳企業文化。

但是，深圳並沒有充分利用其地方立法權，其中一個因素是深圳在建立與全國法律不一致的制度時，必須提供非常具體的執行細則，來補充、完善、確保中央政府給予深圳的優惠政策，但這將有可能冒犯中央一些部門及監管者。

（二）社會主義先行示範區

在深圳成立經濟特區 40 週年之際，中央於 2019 年 8 月 9 日發佈了《關於支持深圳中國特色社會主義先行示範區的意見》，承認深圳的歷史貢獻，並鼓勵它代表國家，在包括香港在內的粵港澳大灣區內，引領新一輪的改革開放，授予深圳主動採取更大膽改革措施的權力，最終將在世界範圍內成為可持續發展和高競爭力的典範，包括展示公正與正義的民主和法治環境。儘管這個文件在國際上影響不大，但在中國內部被視為一項重要的新戰略，包括提升深圳相對於香港在粵港澳大灣區的地位。

（三）對「深圳特別行政區」的評估

將深圳定為「具有中國特色的社會主義先行示範區」在大方向上是重要意義的，但是，我們認為這是一個低風險政策，深圳制度在創新方面沒有顯著突破，只是沿現有路線逐步向前推進，關鍵的突破應該是對國家和國際社會有深遠意義的開放與制度改革，即對資本、商品、服務、信息和人員的真正實質性開放。為了這個偉大的目標，深圳的制度創新必須與中國現有體制有足夠大的不同。為此，需要真正大膽的制度創新，我們認為一個比較容易理解及操作的目標是以香港特別行政區作為參考，考慮最終將深圳設為中國的繼香港及澳門之後的第三個特別行政區，開啟中國自主、系統化、國際化地方政府制度改革的先例。

我們認為深圳是中國內地試點特別行政區的最佳選擇，可以說深圳比中國幾乎任何其他城市都具有優勢。為了使深圳能夠在「一國」之下真正實現「兩制」，需要做到以下幾點：

第一，規模與系統優勢。作為一個經濟特區，深圳已經具有規模與系統優勢。啟動深圳特別行政區則是一個更高目標的國家發展戰略，需要國家領導人啟動及宣佈。

第二，高度自治。深圳需要從北京獲得比現在更大的制度創新及自治權，其中關鍵是容許深圳與內地普通城市的制度有區別，以便深圳可以在最短時間最低成本學習及吸收香港、新加坡等國際上最有競爭力的城市的制度體系，特別是在經濟、金融及社會管理方面的制度，這可能意味着更明確劃分地方政府與中央政府事務。

第三，清晰的內外邊界。深圳已經與香港建立了實際的邊界，這將繼續存在（由於稅收，法律和管轄權的差異）。但是，現在也需要在深圳與中國內地其他地區之間建立一個內部邊界，以防止深

圳特區內的試驗在全國範圍內不受控制地擴散的風險。鑒於深圳的技術實力，這應該儘可能是一個虛擬邊界，以電子方式跟蹤物流，通過面部識別跟蹤人流以及通過用戶電子信息識別跟蹤金融及其他服務流。而創建這種虛擬邊界本身可能是一個世界領先的鼓舞人心的項目。

第四，憲法基礎。深圳可以擁有自己的地方基本法，其權威來自中國憲法，其目的是允許深圳在維護中央權威、全國統一市場及國家政治體制的前提下，可以大膽探索與國際接軌的，系統性的，現代化的地方政府、社會、經濟運作模式。

第五，自由市場體制。自由市場政策將需要詳細制定並體現在特區的法律和法規中，香港及新加坡的高度自由市場制度和現行法律法規將成為參考。深圳應大幅放寬貨物和服務的進出口，但由於內部邊界的原因，此類貨物和服務將不可以無限制地向內地其他地區銷售，即超出深圳以外必須遵守適用於內地的關稅和其他監管規定。可以考慮開放政策擴展到信息領域，但同時通過技術手段防範濫用信息自由，應該借鑒香港和新加坡，簡化稅收並降低稅率。

第六，國際認可的法治體系。建立法治原則以及獨立於內地傳統的法律與司法體系將是至關重要的，這並非容易進行的改革，但香港與新加坡的正反經驗值得借鑒。

第七，完整系統的地方政府機構。深圳已經擁有完善的地方政府機構。它需要以增加一些更高級別的機構來補充現有地方機構的功能，以便在金融、貿易和法律等領域進行更加自主、同時面對全球及內地的決策；也便於立法和執行。中國證券監督管理委員會等國家監管機構的現有深圳分支機構應對特區負責，類似香港的監管機構，或者至少具有比目前更高的自治度。

考慮到中國資本賬戶開放的敏感性，深圳的貨幣體系和金融服務將需要特別謹慎。儘管現有的以人民幣為基礎的貨幣制度將繼續下去，但對國際金融應有更大膽（但仍受控制）的開放度。為了國際金融的開放，可以考慮嘗試使用國際貨幣，例如國際貨幣基金組織的特別提款權（SDR），或將來可能與 Facebook 的 Libra 等類似的中國數字貨幣。總體而言，從長遠來看，深圳可能相當於倫敦之於美國，為中國提供離岸金融服務，而上海仍將是中國的紐約。

將中國已建成的大都市深圳轉變為一國兩制的中國自主設立的特別行政區顯然是一項重大任務，對中國其他城市及全球都有示範效應，特別有助與世界了解未來中國的發展方向。

深圳是一個適應能力很強的城市，近幾十年來已經經歷了幾次轉型。在國家的支持下，應該有可能為中國地方制度創新的先驅，為理順中央與地方的各種複雜關係提供更系統、更可持續、更國際化的試點。這不僅有利於未來全國範圍的制度改革，也為更好地與香港及澳門特區及整個粵港澳大灣區融合發展提供良好的基礎。

建立「深圳特別行政區」的可行性分析

建立深圳特別行政區邏輯上似乎是可行的，但值得嗎？收益大於風險嗎？本文認為在中國現有的發展策略，包括加倍創新、全國範圍開放、「一帶一路」倡議都具有巨大的挑戰與風險，而且實行的難度大，需要的時間長。而深圳特區大幅度升級為特別行政區的策略相對風險低、可操作性強、需時短，具有許多系統性制度改革的優勢。

在深圳創建一個新的高度開放的市場化制度生態環境可能對

中國與世界都非常有益。首先，即使在地域有限的一個中國區域，如果世界可以清楚地看到中國自主建立的一個高度法治、高度市場化、高度開放的一個領先的中國現代城市，一定會引起世界的關注，並有助於緩解許多國際緊張局勢，包括改善中美關係。

從短期來看，它將迅速提供一個中國與世界各種矛盾的緩衝空間，有利於相互理解與互動，包括協助香港的穩定。從長期來看，它將為建立新時代的國際關係奠定堅實的基礎。儘管深圳很小，僅佔中國 GDP 的 3%，人口不到中國總人口的 1%，但它在全球供應鏈中發揮着舉足輕重的作用，並且本身就是新技術的起源地。不僅如此，深圳更大膽的制度改革將被視為中國為自己未來發展支付的首付。因為，如果成功，深圳模式可以複製或至少與中國其他地區聯繫在一起，並在整個國家的生活中發揮更重要的作用。與今天相比，升級後的深圳，將吸引更多國際參與者成為這個中國新未來的利益相關者。所有這些都將有助於建立更開放的國際秩序，並促進中國自身的繁榮穩定和生活質量的提升。

至於成本和風險，似乎也可以控制。建立深圳特區的成本並不大，主要是制度創新的成本，包括觀念的轉變。實際執行的費用主要用於提供和培訓人員以適應新職位，撰寫地方性基本法和一套系統法規，開發和安裝技術基礎設施，為新機構及其相關人員提供工作地點。對於一個富裕的大城市來說，這些費用相對較小。比執行費用更重要的是吸引許多關鍵人員參與這項制度改革的成本，或解放思想的成本。

至於風險，根據香港目前的經驗，最主要的擔憂是，這些改革可能會導致地方失控而威脅中國的穩定。這種看法是對香港局勢的過度反應，因為香港的情況有特別的歷史根源，深圳卻牢固地扎根

在「一國」之內，而新制度（實際上是深圳歷史上制度改革趨勢的延續）將根據每個階段的結果逐步發展與調整。中國中央政府完全可以根據需要為自己保留某些權力，鞏固其在深圳新基本法中的領導作用，當然前提是遵守法治原則。

因此，相對於並不徹底、缺乏系統集成優勢，並以支離破碎的優惠政策為基礎的自貿區改革策略，一個系統的深圳特區升級版改革會節省時間，為中國尋找更優的發展模式奠定基礎，也為世界未來發展貢獻中國智慧。

（原載《北大金融評論》2020 年第 2 期）

港深合作頂層設計需要「破冰」

回歸 25 年，粵港澳大灣區內試點方案多注重基礎設施建設，反而忽視了「軟基建」，即制度設計。而香港與粵港澳大灣區內地城市，若能在「一國兩制」框架下結合數字化技術，探索「制度創新」，將會是將理論轉化為現實的關鍵所在。

香港 01：您五年前寫過《香港緣何成為金融中心》一文，裏面提到香港的「核心競爭力」在於「市場交易邊際制度成本低」，而這一優勢是依靠香港維護自由市場的基礎設施的固定制度成本投入，例如公務員、監管部門、警察及社會機構。如果我們以「制度氣泡」的形式來實現合作的話，這種制度基建有可能隨着氣泡延伸到內地去嗎？又或者說，如何實現香港與內地城市在監管、立法、執法層面上的跨區域合作？

肖耿：我有一個跟「貨幣作為監管媒介」相類似的發現。傳統的監管都是以「屬地原則」為準，這個概念根深蒂固，例如一塊地過了深圳河，那就歸深圳管。但是在數字經濟的趨勢下，我們要解放思想，可以從對「一個地方」的監管，轉變到對一些「市場主體」進行監管。例如，香港的機構雖然在深圳運作，可以歸香港金管局、香港證監會來管。

這在以前是不能想像的，但是在現在的數字化環境，我認為是完全有可能的。監管是甚麼？我過去在香港證監會工作了很長一段時間，所謂的「監管」就是監管機構索取「數據」，因為監管機構需要

知道你的動向。現在無論是報表還是日常運作，數據都「數字化」了。

你試想一下，一個跨國企業在香港設一個總部，真正的運作放在粵港澳大灣區內地城市，依然採用香港的制度和監管。這其實不就是在複製我們 40 年以前製造業「前店後廠」的成功經驗嗎？只是，服務業比製造業複雜。製造業的關鍵是貨物，而服務業裏面最關鍵的是人、資金和資訊。如果只是管理貨物，做個保稅區就可以了，但是人不能「保稅」。所以，我們在新時期如果也要採取「前店後廠」的方式來發展「外循環」，關鍵就在於人流、資金流、資訊流的監管，而這都是可以通過數字化精準監管來實現的。

我在文章裏也有舉這個容易理解的例子，就是我的兩台手機：一台用內地手機號，一台用香港手機號。雖然我人在深圳，但我可以用香港手機號的網絡對外聯絡，處理我在香港國際金融學會的事務，沒有防火牆的，我內地的手機號可以用於我日常的出行和處理內地事務。實際上，兩地政府是可以通過手機號、通過數字技術實現精準監管的，並且不破壞它原本的制度體系。而我作為市場主體，是可以對兩種體系有所選擇的，這就極大提升了工作效率，而且能將外循環和內循環連接起來。

這樣一來，物理位置相對不重要了。無論機構在香港的 IFC（國際金融中心）還是深圳的 IFC，那都是 IFC。香港企業的數據還是交給香港的監管機構，按香港的法律制度去監管，不會交給深圳，跨境監管也就變得有可能了。

香港 01：話雖如此，我們回看香港過去與周邊城市的合作，其實不算順利。例如河套這塊地，本身回歸之前就在商討建設，新界北、前海也是，2008 年就提出過「港深大都會」的概念。每一次，香港和深圳或內地城市談合作的時候，都是很淺層次的、短期的，

並沒有長期的、恆常的溝通機制。香港與內地城市的跨區域監管會否存在壁壘？

肖耿：對，這個問題非常關鍵。深港的合作談了 20 多年了，無論是河套、前海還是北部都會區。我認為，最重要的是，我們沒有想通「制度層面」的頂層設計。無論是《前海方案》、《橫琴方案》還是「北部都會區」的計劃，基本都是基礎設施建設計劃、房地產建設計劃 —— 修鐵路、建高樓和建科技園之類的，但我們沒有商討清楚「制度設計」，「一國兩制」中的兩個制度是不能揉在一起的，體系不一樣的。

我也是《橫琴方案》的專家委員會成員，而「橫琴」的建設是有制度頂層設計的。例如，廣東省和澳門都派出了高層級的官員，組成了管治委員會。我認為河套、北部都會區、前海，都應該有這樣的頂層設計 —— 如何把兩種制度結合，用上兩者的優勢而又不影響原來的兩種制度，去實現「特區中的特區」。

香港 01：那麼，在頂層設計上，您會有甚麼具體的政策建議？

肖耿：我會建議，香港的新特首和深圳的新市委書記以「橫琴」為參考，建立深港的「深度合作試驗區」，在「一國兩制」和合作區域的框架下，在深圳、香港各設一個特區。內地要對香港開放，香港也要對內地開放，甚麼意思呢？在香港的特區，大環境是香港的環境，但引入內地的制度要素，頂層決策是雙方去協商的；而在深圳的特區，就如上所述，以市場主體為單位，制度氣泡的形式，一點點延伸。當然，香港也可以學市場主體的模式，但我覺得可以「成片」來規劃，畢竟整個北部都會區也還沒開發。

具體而言，在北部都會區劃個區域，作為深圳在香港的「特區」，可以設計一個「一線」和「二線」的管制區，「一線」的管制可

以相對寬鬆，內地人要去買免稅商品，享受一些香港的服務，可以當天來回。「二線」就可以引進內地市場主體在香港的轄區內按內地的監管體系運行。例如，疫情期間，特區政府通過《緊急法》引進內地工程隊、醫療隊在河套地區修建方艙醫院，其實就是加建了一條橋，然後讓內地隊伍過去修建，然後圍封起來，其實這個就是一個「二線」的概念。

在香港「特區」去設計「一二線」相對簡單，因為基礎設施還未開發，設「二線」還是比較簡單的，例如圍封起來，出示身份證才能通過。但是在內地設計「二線」就可行性比較小，因為深圳（邊境）已經發展起來，所以只能通過「市場主體」和「精準監管」的模式。

簡單的開放是會造成很多漏洞和風險的，而「制度創新」的合作不影響「一國兩制」本身，既能維護香港原有的制度優勢，也不會為內地帶來風險。放眼望去，整個珠江三角洲的東西兩岸，有好多地方在做試點，有橫琴、南沙、前海、河套、北部都會區。我們要把這些試點連起來考慮，去採取不同的探索來「摸着石頭過河」。先試錯，然後把各自的經驗教訓吸收進來。

所有的試點，目的先是解決各自的問題：香港的問題是產業空洞化、社會收入分配不公、供給不足；內地的問題是國際化碰壁，地緣政治日趨緊張，監管也日漸收緊了，然後，希望把內循環和外循環能夠銜接起來，建立雙循環的「銜接帶」。珠江三角洲最特殊的就是有「港澳」，實行「一國兩制」。我們要意識到，港澳所處的外循環圈是非常寶貴的。

所以，我們要想辦法通過制度創新，既能解決問題，還能提高競爭力，最後可以達到粵港澳大灣區各城市的多贏。

（根據 2022 年「香港 01」採訪整理）

雙體系並行與「特區中的特區」

香港與深圳的比較優勢不同，合作潛力巨大

香港與深圳地理相鄰、人文相親，但卻有兩個不同的制度生態環境，包括兩個關稅區、兩種不同的貨幣、兩套不同的財稅制度與法律體系。不同的制度生態環境促成了兩地不同的比較優勢。深港兩地的不同制度與不同發展階段在過去 40 年創造了許多互補共贏的發展機會。

香港作為全球領先的自由港與國際金融中心。擁有完善的與國際接軌的金融監管體系、資金充裕的全球資本市場、最大的離岸人民幣中心、國際水平的專業服務及人才與國際接軌的管理實踐、高質量及國際化的產業，包括高等教育、醫療、消費、文化等。得益於全球頂尖的國際金融中心及最大的離岸人民幣中心的地位，香港交易所近年 IPO 集資額超過全美各交易所，也超過內地上海與深圳集資之和。香港高質量及國際化的教育體系包括五所世界 100 強大學。香港成熟的專業服務，如普通法及仲裁機制、會計、金融、貿易、物流、醫療、教育等，得到國際社會尊重及信賴，是亞太地區跨國公司和國際金融機構的重要集聚地。

然而，對比內地，香港也存在着明顯的劣勢。首先是有限的物理空間，導致高昂的住房成本和生活成本。其次有限的市場空間，導致服務業潛在產能在制度及監管限制下無法適應來自中國內地、

亞洲及全球的不斷上升的需求。同時，公務員體制與選舉制度與其行政主導的治理模式還不能有效匹配，影響了發展規劃、政策設計與執行。另外，貧富懸殊也影響社會穩定。

相比而言，深圳與內地的優勢在於地理空間廣闊、市場規模龐大、地方政府集中力量建基礎設施能力強、社會穩定和諧。然而深圳相比香港的劣勢也很顯著。金融體系尚不完善，直接融資尤其是股權融資的佔比較低，處理市場風險的能力有待提高，市場開放度還不夠。內地的教育發展也不平衡，優質教育資源集中在北上廣，深圳的教育資源與其產業發展水平不匹配。專業服務，包括法律、會計、信用評級等都與國際標準尚有差距，需進一步規範升級。深圳的制度改革雖然在不斷推進，但港人、港企及外資企業在深圳和內地仍然面對「水土不服」的問題，外資在內地金融業的市場份額一直在 2% 的低水平。

深港也有一些共同的挑戰，如何吸引及留住海內外優秀人才、技術、企業、資金？如何將深圳的科技創新、基礎設施及市場規模優勢與香港的開放國際市場優勢在新的國際形勢下更好結合？如何通過深港合作來應對香港地理與市場空間有限、收入不平等、產業空洞化等問題？如何通過深港合作來加速深圳國際化與開放程度及科技創新升級。

國家「十四五」規劃提出「暢通國內大循環，促進國內國際雙循環」，而深港是內外循環的銜接帶，深圳可以直通國內市場循環（在岸市場），而香港是直通國際市場循環（離岸市場）的橋樑，深港已經成為國內國際市場互動的重要緩衝區，在國家雙循環戰略中具有不可替代的獨特功能與角色。

在這些大背景下，粵港澳大灣區裏的兩個特區，深圳和香港，

如何共建融合發展試驗區（「特區中的特區」）就成為一個緊迫的議題，是深圳先行示範區與粵港澳大灣區「雙區」建設的核心挑戰與機會。

香港離岸自由港的核心競爭力

香港是中國、亞洲及世界頂尖的離岸自由貿易港與離岸國際金融中心，中國甚至全球對其未來離岸服務業與離岸金融的需求有增無減。香港是 60% 以上外商直接投資進入內地的窗口，也是中國企業海外上市及發美元債的主要平台（未來可以發展港幣債券市場）。全球最大自由貿易區 RCEP（東盟十國 + 中日韓 + 澳大利亞與新西蘭）正式簽署，為香港帶來了中國內地與亞洲地區融合過程中將出現的新機會。未來「一帶一路」的縱深推進也將為香港離岸貿易與金融服務提供可持續的發展機會。由於其獨一無二的離岸地位，香港也是中概股回歸的首選地，將成為全球投資者，包括美國投資者，投資中國的理想離岸資本市場平台。因此，香港需要考慮在服務業實行類似製造業的「前店後廠」模式，與粵港澳大灣區內地城市合作，在數字技術環境下實現離岸服務業的擴容。其中的關鍵是充分發揮香港超級聯絡人樞紐作用，將香港離岸貿易金融的生態體系，在粵港澳大灣區內一些試驗區複製，提高「大香港」離岸服務業體系的規模、質量與效率。

隨着海南自由港建設方案的出台以及北京、安徽、湖南等新自貿區的成立，中國已經形成有港澳、海南自由港、20 多個省市的自貿片區參加的一個面向全球的外循環經濟金融網絡。這個以香港為錨的中國外循環網絡可以充分借鑒香港及歐盟的成功經驗、逐

步整合成一個統一的離岸市場，形成一個可以促進中國外循環發展的以香港經驗為主的完整制度生態體系（包括法律、監管、貨幣、數據、標準等），為港企外企及海外人才提供一個適宜的，制度類似香港的，但比香港空間更大的，具有國際競爭力的生存與發展環境。

貨幣體系是區別內外循環體系的關鍵。貨幣是監管及相關執法的媒介，因此需要考慮港幣（及相關法律與監管體系）與人民幣（及相關法律與監管體系）在粵港澳大灣區內的一些試驗區（「特區中的特區」）並行的制度創新與頂層設計。

港幣是香港金融市場的「根」基礎設施，為離岸貿易與金融提供了一個具有國際競爭力的制度生態體系。港幣是香港金融市場監管的媒介，在港幣基礎上建立的貿易、銀行、債券、股票、保險、基金、房地產市場集成為一個完整的離岸經濟與金融市場體系，對全球開放，也對中國內地開放。港企港人外企外國人（海蝦）在內地（河水）可能「水土不服」，但在香港（海水）「如魚得水」。

人民幣是內地金融市場的「根」基礎設施，為中國在岸經濟提供了一個正在快速現代化的制度生態體系，但與香港的離岸生態體系有本質不同。港企外企，港人外國人到內地目前主要以人民幣賬戶註冊運作，而人民幣與港幣在監管體系方面的差異導致港企港人、外企外國人在內地「水土不服」，沒有競爭優勢。在中國內地，外資金融機構市場份額只有大約 2%。由於內地在法律、金融、數據信息等方面的監管環境與香港差別太大，在香港的企業無法直接在隔壁深圳擴大延續其離岸業務的規模。而因為「水土不服」，香港許多年輕人及年長退休人士寧願在港承受高額房租也不願到深圳或粵港澳大灣區發展居住。

從國際地緣政治的角度看，美國的美元霸權主要是利用了美元作為一個監管的媒介，而與美元匯率價值本身關係不大。拜登當選後中美關係有一些緩和，但科技、金融、貿易等關鍵領域的激烈競爭甚至對抗不會消失，中國仍需要警惕美國利用美元作為一個監管的媒介，通過 SWIFT 等跨境資金流通信息監管系統，對中國企業、個人及與中國相關的離岸項目，以長臂管轄為藉口（如反洗錢、反恐、經濟制裁），實施精準打擊與打壓（類似針對華為的各種制裁）。港幣與美元掛鈎意味着香港與美國在貨幣政策、匯率、利率方面的一致，這確實會影響香港與內地、亞洲及一帶一路沿線國家實體經濟的更緊密的互聯互通，也會衝擊香港的實體經濟，如房價在零利率環境下攀升，但以港幣為媒介的監管體系仍然可以保持獨立。在中美極端對抗的場景中，港幣與美元脫鈎，再與人民幣或一籃子貨幣掛鈎也是一個可行的選項，不會對港幣金融監管體系帶來顛覆性的衝擊。鼓勵發展港幣債券市場，減少美元債市場，將有利於香港與以美元為媒介的美國監管體系保持安全距離。

香港離岸經濟金融體系
已經成為中國海外資產的安全避風港

　　在新的中美地緣博弈形勢下，香港已經成為中國海外資產的一個避風港。港幣資產在中國官方及民間外匯儲備中的佔比應該會不斷上升，而「一帶一路」沿線國家在跨境貿易和投資時如果多用港幣，也可以迴避以美元為監管媒介的美國長臂管轄，改善中國海外資產的安全性。這需要在港幣與人民幣之間建立更直接的結算清算體系，而這並不難。人民幣與港幣數字貨幣的發展將推動一國內兩

種貨幣的無縫銜接，但不會改變人民幣在岸貨幣及港幣離岸貨幣的本質。

在香港的實物資產，如大樓、地鐵、企業固定資產等，之所以是海外／離岸資產（即外匯儲備）的主要原因是其以港幣為計量單位（及監管媒介），在全球自由市場交易及定價，並具有可以自由兌換世界主要貨幣的極高流動性。

在深圳及粵港澳大灣區的實物資產，如大樓、地鐵與企業固定資產，如果也是以港幣為計量單位（包括資產、負債、收入、支出等），而且也在全球自由市場交易與定價，也接受香港的監管環境，它們也是可以成為海外／離岸資產的（即外匯儲備的一種形態），而它們比中國在其他國家的以美元或其他貨幣計價的海外資產會更安全。這個港幣的應用場景為我們系統性重新審視中國離岸資產安全提供了一個嶄新的思路與創新空間。

新冠疫情發生後中國是最早全面恢復經濟的大國，也成為抗疫物質供應的大後方，今後中國內地有可能繼續維持貿易盈餘。而貿易盈餘其實就是中國的過高的儲蓄，除了鼓勵消費，還可以考慮投資到境外的離岸資產，包括海南自由貿易港、粵港澳大灣區離岸試驗區及一帶一路沿線國家的基礎設施。但這就要求這些離岸資產不能用人民幣來計價、計量、交易、持有，而必須用國際流通的貨幣，包括港幣與美元。如果不希望用美元，就可以考慮更多地用港幣，形成以港幣計價的受到香港金融監管體系監管的中國海外／離岸實體資產生態體系。當然，按這個思路，我們需要做的不只互聯互通，而還需要整合以香港為基礎的整個中國離岸外循環體系，這就需要內地及香港的監管部門分工合作協調，更精準監管，確保沒有漏洞及系統性風險。

香港離岸經濟與金融服務的供給側需要擴容

由粵港澳大灣區、海南自由港及所有內地自貿片區構成的離岸經濟生態體系的 GDP 規模可以佔到整個中國 GDP 的約 10% 到 15%。整合這樣一個超大規模的離岸經濟金融生態體系對於人民幣國際化以及未來國際金融體系的改善意義重大。

我們希望更多的外國投資者持有人民幣資產,包括在岸與離岸人民幣。而離岸人民幣實質上只是賬戶中暫時持有的虛擬資產形態,且隨時會發生變化,或者回流到在岸市場成為在岸人民幣資產,或者轉換成外幣變成離岸外幣資產,與可以長期穩定持有的港幣離岸資產本質上是不同的。港幣資產的形態多種多樣,如房產、股票、債券、貸款等,而且可以相互轉變,但離岸人民幣的形態與市場都有局限。人民幣國際化,不能只看人民幣在國際交易市場的份額大小,也需要注重人民幣在岸資產在全球市場定價的可靠性、流動性,也就是方便外國投資者以其中國境外財富在上海、深圳等在岸國際金融市場買賣人民幣資產的容易程度。

同時,人民幣國際化也需要注重方便中國企業與居民以其中國境內財富購買外幣離岸資產的容易度。這在短期內不容易實現,但可以將港幣離岸資產作為過渡,讓一部分中國居民(如在粵港澳大灣區「試驗區」或「特區中的特區」工作生活的合格居民)先嘗試持有以港幣計價、交易、管理的在「大香港」(包括粵港澳大灣區、海南自由港及內地自貿片區)的離岸資產。國際資本的流入與國內資本的流出需要雙向平衡,而嚴峻的國際地緣政治環境會鼓勵國內資本流向香港而不是美國。因此,我們需要提升香港或「大香港」接收這些流出資本的能力與規模。與內地供給過剩相反,香港是離岸

金融服務供給不足，離岸金融服務需求太旺盛，需要擴容，而擴容的直接後果就是擴大我國離岸資產總量、流動性及安全性。我們可以想像，如果中國有了兩個，三個，五個，十個相當於香港的離岸經濟金融體系，我們的外循環是不是會更穩定、更有競爭力、有更好的流動性？

雙循環發展戰略催生「特區中的特區」

過去中國自貿區建設多以碎片化的優惠政策堆積，效果並不好。制度創新需要系統性的改革，並逐步營造一個複雜但自洽的制度生態體系，通常是通過一個漫長的歷史演化過程，形成類似今天香港的制度生態體系。這當中最重要的抓手就是需要一個監管與執法的媒介，也就是貨幣。

「一國兩制」是制度建設層面的創造性變革，在過去 40 年，這一創舉靜悄悄地引領了中國經濟融入全球供應鏈及全球金融市場，帶來了中國實體經濟的騰飛。但「一國兩制」的一個重要基礎就是在香港特區使用港幣，而不是用內地的人民幣。這確保了香港離岸經濟金融制度體系可以與內地在岸制度體系完全隔離，相互獨立運行，這是制度建設層面的一個創新性探索，使得今天中國可以非常自然地提出雙循環發展戰略。但這兩套不同的制度體系也創造了一系列制度性的障礙，使得深港兩地經濟與金融難以融合，要素流動也困難重重。

深圳作為中國改革創新的重要引領者，在制度創新上具有豐富經驗和巨大潛力。深圳先行示範區與粵港澳大灣區雙區建設的國家發展戰略提出後，深圳在制度創新的自主權上有了更大的空間。

深圳與香港相繼推出了多項措施，包括前海深港現代服務業深度合作試驗區、深港河套邊境合作開發區，以及各個行業的融合發展政策，如貿易融合（CEPA），金融融合（互認資格、理財產品、深港通等），教育融合（香港的大學進入粵港澳大灣區其他城市）、醫療（港大深圳醫院）等。這些改革思路總體來看是如何將香港與深圳的制度變得越來越一致，似乎類似的制度可以促進兩地的融合。

　　本文的分析並不完全支持這個趨同理論，而是指出並強調香港與深圳本質上是兩個不同的制度體系，一個是基於港幣的離岸市場體系（外循環），而另一個是基於人民幣的在岸市場體系（內循環），混淆這兩個體系無助於兩地融合，反而會破壞已經形成的中國內外雙循環的正常運作。一個更合理更有效的「銜接」內外循環的思路是在維持這兩個體系的不同功能（離岸與在岸）的前提下，建立一個雙體系可以在同一個物理空間並行的試驗區（也就是「特區中的特區」）來發揮兩個體系的優勢、彌補各自的短板，並幫助重要的要素資源在兩個體系之間合理有效地配置。這個思路與「飛地」等概念有些重合，但不太一樣。「飛地」的問題是無法同時發揮兩個體系的優勢，主要是將一塊地從一個體系劃撥到另一個體系；而「特區中的特區」思路是以一個體系為主，但以特區的方式在一個限定的範圍引入另一個體系的制度、監管與貨幣體系，在可控的條件下，允許雙制度體系在同一個試驗區並行運作。這只有在今天數字技術比較發達，大部分經濟金融變量已經可以數字化管理的情況下才可以實施。

　　例如，在深圳建立一些「特區中的特區」，允許合資格港澳企業或它們的部門可以在這些經過創新性、系統性、精細化設計的試驗區內按港澳法律、監管與貨幣來運作，以便平穩快速實現內地與

香港兩套制度體系的優勢短板互補，及粵港澳大灣區內關鍵生產要素的無障礙暢通。目的是在粵港澳大灣區，特別是深圳示範區內，構建一些「內地在岸」與「港澳離岸」雙體系可以互補並行的具有國際競爭力的雙循環制度生態環境，也就是一些「超級衛星城」或「特區中的特區」來吸引及留住國際頂尖人才、技術及企業，創造切實可用的制度基礎設施讓他們來選擇配置需要用的兩地優勢資源。

在目前中美激烈競爭的國際地緣政治環境下，中國必須保持「在岸」與「離岸」的區別與隔離（而不是只關注規則趨同），而且需要充分利用「離岸」體系的獨有優勢來提升整個國家的競爭力。構建更安全、更國際化、更有競爭力的中國「離岸」經濟金融體系已經刻不容緩，但需要港澳與粵港澳大灣區其他城市攜手共建，這不是「誰代替誰」，而是「在一條船上」如何建立雙體系並行的制度生態環境來實現「互補共贏」。沒有粵港澳大灣區的支持，香港的離岸體系會有瓶頸。同樣，沒有香港的幫助，粵港澳大灣區也很難迅速國際化。

「特區中的特區」創新思路也可以在香港特區試點，如允許內地合格企業或它們的部門可以在新界北部的新開發區，如河套地區，按內地的法律、監管與貨幣來運行。如果我們承認「一國兩制」中的兩制是不同的，我們就應該看到雙體系並行是有意義的及一系列多元化社會體系的好處，因為會有些個人、家庭及企業願意或者需要跨兩個制度體系生活、工作及運營，而且他們的跨系統生活與工作方式其實是可以為社會作更大貢獻。

一個可以想像的最簡單直覺的案例是在與香港接壤的深圳福田區建立一些完全按香港體制設立的港式中小學，這就可以免去在深圳居住的香港居民的兒童每天需要通關上學的問題。同樣，北大

附小、清華附中是不是也可以在新界北部的河套試驗區建立一些按內地體制運作的中小學，供香港居民或內地去香港生活與工作的新移民自由選擇。

另外一個案例就是香港的大學實驗室往往很難在香港本地找到年輕有為的助理及實驗室空間，但內地這方面的資源就很多。在現有體制下，香港的教授很難直接在內地拓展實驗室及技術人員，但如果有「特區中的特區」，這些教授就可以在內地的試驗區拓展他們的實驗室，基本按香港的法律、監管、貨幣體系運作，就相當於香港的有效物理空間市場空間擴大了，但邊境界限並不需要改動，也不會改變香港或內地的制度體系，只是在邊際上讓空間、人才、資金的配置更靈活、更有效率了。

本文提出的「特區中的特區」制度創新思路有可能顛覆性地改變深港兩地未來發展的軌跡，可以大幅度、低風險地提高深圳和香港生產要素與服務的跨境流動與有效配置，不僅將促進深圳和香港融入粵港澳大灣區暢通的要素市場，使得資金、人才、信息、物流可以無縫銜接低風險跨境流通，同時也可以大大提高粵港澳大灣區境內外企業的跨境及離岸業務效率，提升他們為「一帶一路」和 RCEP 等多邊貿易體系服務的質量、效率與規模。

「特區中的特區」的制度創新將為中國的外循環發展戰略作出重大貢獻。粵港澳大灣區作為改革開放以來中西交往互動最深入、最重要，而區內各城市差別也最大、最複雜（包括不同的政體、法律、監管、貨幣、關稅區等）的一個世界級城市群，扮演了中國其他地區（如北京與上海）無法替代的作用（即「一國兩制」的內生基礎性制度優勢）。試驗區有關離岸國際金融、離岸科技、離岸服務業等制度創新與實踐，對塑造未來國際經濟金融秩序（不脫鈎、

RCEP、中歐投資協議等）有關鍵促進作用、能作出重要而又特殊的貢獻。國家雙循環戰略的成功，將促進關鍵核心技術領域加速突破瓶頸，持續升級我國在全球價值鏈中的地位。

中國經濟在新國際形勢下，對離岸經濟的需求不斷上升，包括與「一帶一路」相關的跨境貿易、服務和結算，離岸資產的上市、定價、交易和持有，與全球供應鏈的互動，與全球人才及信息網的互動等。因此，充分利用香港長期形成的國際規則和制度優勢，在試驗區嘗試採用與國際規則趨同的體系，幫助香港企業顯著降低其離岸經濟活動的成本，擴大其經濟規模，使得香港可以恢復除金融與地產之外的其他傳統產業，在更高水平、更大規模下實現香港離岸經濟的「再工業化」與「各產業的全面復興」，同時對深圳在岸經濟體的改革開放也有良性示範效應，並可以輻射粵港澳大灣區，為鞏固粵港澳大灣區的國際金融中心、全球供應鏈關鍵節點、全球創新企業與人才積聚、粵港澳大灣區更高質量雙循環銜接發展等政策目標邁出堅實的一步。

在內地設立「特區中的特區」，可以最大限度地容許香港的經濟、金融、監管與法律等與國際規則高度對接的體系，讓香港與海外的優秀企業、人才、技術、資金可以在試驗區高效率運作，促進深港兩地最大化、最有效、最優化、最國際化地改善跨境要素流動，幫助深港兩地企業更合理有效地跨境配置生產要素資源，降低運營成本。同時，這些系統性的制度創新屬於頂層設計的軟公共基礎設施，與交通互聯互通等硬公共基礎設施將形成互補，將助力產業鏈的補鏈、固鏈、強鏈。

金融與科技是香港和深圳的兩大優勢產業，也是深港「特區中的特區」需要創新突破的重點領域。儘管深港兩地在金融與科技領

域已經建立起良好的合作關係，但也存在定位不清楚，合作深度和廣度相對不足的突出問題。因此，試驗區需要探索更全面、更深入、更優質的產業合作模式，特別是需要通過制度創新來發揮市場主體自主選擇的作用。可以嘗試深港雙體系並行有機融合的制度設計，鼓勵通過市場來選擇深港互補匹配融合發展的行業與形式，不僅可以包括金融與科技等目前優勢產業，也可以讓市場去發現未來的優勢行業，如醫療、教育、文化等傳統產業，從而觸發香港和深圳在高水平上、新發展階段的「再工業化」與「全面的產業復興」。

（原載深高金政策與實踐研究所 2021 年微信公眾號）

以灣區腹地打造「特區中特區」

香港需要以灣區為腹地擴容

香港 01：如果內地提升了金融開放程度，推動與香港離岸市場的聯繫程度的話，香港資金自由的成熟金融體系，會否對內地尚未發展的金融體系造成一些風險和衝擊，發生類似「內房美元債危機」這樣的事件？

肖耿：內地地產商到香港發美元債，實際上就是一個監管漏洞。如果有監管，那麼就應該是對每一個市場主體有精準監管，例如在香港要監管，在內地政府要備案。現在的情況是「監管套利」，房地產企業在內地貸不到錢，因為內地不允許房地產企業槓桿率過高，企業就跑來香港借錢、發債，這屬於監管機制未成熟之下的渾水摸魚。

這種「監管套利」是被明確禁止的。例如，中國證監會最近就明令禁止一些內地人通過滬深港通去買 A 股。為甚麼這些內地投資者要在香港買 A 股呢，因為在內地不能借錢加槓桿，但是在香港可以，沒人管，所以這些內地投資者就通過香港來買 A 股。這些「監管套利」的「開放」對實質經濟是沒有好處的。

香港 01：您在《用「特區中特區」和粵港澳大灣區腹地破解香港困局及粵港合作瓶頸》一文提到不少深港合作、粵港澳大灣區合作以及國家和香港在金融方面的合作，倡議內地與香港相互開放。

若要避免「合作」之後發生諸如「內房美元債危機」，內地與香港之間應該如何相互開放？

肖耿：放眼望去，全世界的「灣區」都是一個整體，不是分割的。只是我們的粵港澳大灣區有幾種貨幣，分割成了不同制度。我們要利用這個東西，將粵港澳大灣區變成內循環和外循環交界的高地。所以，我說的開放和合作，也不是傳統的「一體化」，不是說香港和內地城市之間完全開放。我說的是一種建立在數字化環境基礎上的精準監管，把香港這個「好制度」輻射到內地。香港作為一種制度體系是很受歡迎的，是具備「親和力」的。這種親和力，在於它與世界的聯繫緊密。外國人來到香港像回了家一樣，內地老百姓也很喜歡香港。香港有差不多 10% 的人口拿着外國護照，依然是中國最開放的城市。

隨着國家推動「雙循環」，外循環經濟活動愈來愈頻繁，離岸服務需求只會愈來愈大；但另一方面，正如我前面所說，香港是需要「擴容」的。香港制度的供給不夠，所以我們要想辦法提升香港的供給能力。

香港 01：香港「供給能力不足」這個說法很新鮮，造成「香港制度供給」不足的原因是甚麼？

肖耿：香港有個問題：金融業的成功帶動房地產行業，以及會計、法律等服務業，把很多生產要素的成本提高了，反而導致產業的空洞化。於是，香港就成了中國的「曼哈頓」，那「曼哈頓」怎麼可能會有工廠呢？

產業空洞化、房價高、收入分配不均，這些情況都出現在香港。一般來說，在全世界大的城市羣，如果是實體產業或中低收入的人碰到這個情況，就會離開中心區，離開曼哈頓，去周邊地區，

以更低成本、更高效率地搭建產業。

　　然而，在「一國兩制」之下，很多香港人不願意離開香港，因為一離開了就會失去香港這麼好的制度環境。你會發現一個問題，香港的親和力是用來吸引全世界的企業和人來高效工作和舒服生活，但香港現在只有一半的條件——它制度是可以的，但是物理空間不夠，產業結構嚴重畸形。

　　深層次地看，香港失去了它的「腹地」。曼哈頓周邊很多城市都是它的腹地，有人每天去曼哈頓上班，下午晚上就回家，回到周邊城市去居住。但在香港，大部分人是沒辦法在香港上班，然後住在深圳的，只有極少數人會這麼做，要過關很不方便，更何況現在還沒法通關。

　　按照世界經驗，城市的發展是有梯度的。曼哈頓是中心，離它愈遠，樓價就會愈便宜。產業同樣也會根據樓價進行分佈，要設工廠就沒必要設在曼哈頓，要搞一個荷里活，也沒必要放在曼哈頓。但是，如果你要設投資銀行、設律師事務所，那肯定是曼哈頓。

　　香港的核心競爭力是開放型的制度，但這個巨大的親和力被深層次的問題抵消了。例如，金融人才來了香港，帶着做工程師的太太，那太太就會找不到工作。然後居住環境還特別小，假如他在曼哈頓工作，還可以在新澤西住個「大 house」。你在香港怎麼可能住個「大 house」？

在內地打造「特區中的特區」

　　香港 01：香港應該如何「擴容」，把自己的「親和力」輻射到內地城市？

肖耿：香港需要和粵港澳大灣區其他城市合作，將這些城市作為它的腹地。我的研究就是要把香港跟粵港澳大灣區其他城市的優勢結合，這個結合很複雜但也非常重要。未來，香港需要對中國內地開放，同時內地也要對香港開放，把香港的一些制度用到內地的試驗區來，這就是我提出的「特區中的特區」的概念。

擴大供給，意味着需要更大的空間去容納辦公樓、住宅和人才，但是香港的土地不夠，我們可以把眼光看向香港周邊的衛星城，例如橫琴、前海和南沙等試驗區。具體的操作就是把香港的制度以「氣泡」形式嵌入到內地的試驗區，引入香港的市場主體，例如銀行、醫院、學校甚至社會服務機構，以香港的監管、香港的制度來運作，這不就等於擴大了香港嗎？這種合作還有一個好處，香港不需要擔心基礎設施，因為這些衛星城的發展都比較成熟了，我們的主要目的是擴大香港提供離岸服務的能力。

舉個例子，一個在香港的機構，可以在香港和內地同時有辦公樓，但按照香港的制度監管。這樣既減低了成本，也擴大了市場，而這些機構不會跟內地在岸機構去競爭，依然提供離岸服務，只是物理空間不一定要在香港。我們可以利用數字化監管技術去實現精準監管，以擴大香港的供給能力。

內地城市也有它的優勢，例如我住在深圳，深圳的基礎設施建設很快，辦公樓比香港還多，還便宜。如果一些香港銀行、醫院、學校在這裏落地，很多在香港的居民可能會選擇來深圳繼續為香港機構服務，至於機構的稅收可以給香港，而土地租金就給深圳。

最重要的是，香港有了物理基礎，才可以去吸收全球的人才、跨國公司和金融機構。他們來香港的目的是為了利用香港這座「橋樑」，投資中國或者幫助中國投資海外，對這個橋樑的需求是有增

無減的，但是香港提供服務的能力是受到限制的。我 1992 年來香港，當時 700 多萬人口，今天還是 700 多萬人口。那時候，深圳幾乎沒甚麼人，現在都差不多 2000 萬了。香港一直沒有增長，也就沒有規模，對於香港未來的發展來說，和粵港澳大灣區其他城市合作是最好的。

但要注意，這個合作不是「合併」。香港的體制是「海水」，內地的體制是「河水」，海水和河水不能搞混。香港的機構是「海蝦」，內地機構是「河蝦」，其實兩者都不能適應彼此的環境，所以不能搞混。但是可以互相滲透和合作，這樣大家可以雙贏。

香港 01：這樣的合作如何解決香港產業空洞、樓價昂貴等深層次問題？

肖耿：在沒有進行轉移支付之前，香港有 26% 的貧困人口，雖然政府會對他們提供一定幫助，但我們要看到，現在這 26% 的貧困人口是被集中在「曼哈頓」。我換算一下，大概就是 200 多萬港人，如果讓他們有機會在粵港澳大灣區其他城市發展，其實對這些城市的影響並不是很大，因為這些城市現在實際人口已經差不多快一個億了，接受 200 萬人口並不算甚麼。

這就等於為貧困人口提供了一個選擇，可以去離「曼哈頓」更遠的地方，那裏房租、物價更便宜，生活更舒服，機會更多，但制度不變，依然在香港機構為香港服務。那麼整個香港最深層次的問題，住房不夠、工作機會不夠、收入差距大，就可以緩解了。另一方面，香港最有競爭力的制度，在金融方面的監管，就有可能在粵港澳大灣區的支持下，完全發揮出來了。你可以試想一下，一家跨國公司若要為中國服務，到粵港澳大灣區內地城市來設機構，他們是不熟悉內地的制度的；到香港設機構則可以解決制度問題，但是

沒有地。如果是用香港的制度，但是粵港澳大灣區內地城市有地，一切就簡單了很多。

　　注意，這是「腹地」而不是「飛地」，[2] 飛地是很麻煩的，很難管的，歷史上沒有很成功的經驗。「制度氣泡」既能給老百姓一種選擇，也方便香港人在內地以香港的營商環境、生活方式來工作和居住，這對香港人的好處是不言而喻的。另一方面，香港的機構來了，可以帶來地租收入和更高水平的企業運作經驗，與內地的合作也變方便了。

（根據 2022 年「香港 01」採訪整理）

2　飛地是指在某地理區劃中有一塊隸屬於他地的區域。

共商共建共享共管「深港合作經濟特區」

　　過去 40 多年來，香港與珠三角地區建立了非常緊密的經濟聯繫，促成了粵港澳大灣區合作協同發展的大趨勢。2019 年 2 月國務院正式公佈的《粵港澳大灣區發展規劃綱要》以及 2021 年 3 月公佈的《國家「十四五」規劃綱要》，都着重提及到港澳融入國家發展大局，同內地優勢互補，建立協同發展機制。香港特區政府也於 2021 年 10 月發佈了《北部都會區發展策略》，以深港接壤地區（深圳灣、大鵬灣、深圳河）的地理條件、緊密互動的社會經濟傳統、邊境區的土地及生態資源特徵，以及深港兩地現有及規劃中的策略性發展項目為基礎，提出了構建「雙城三圈」（即深圳灣優質發展圈、深港緊密互動圈和大鵬灣／印洲塘生態康樂旅遊圈）的合作空間框架，覆蓋由西至東的深港口岸經濟帶及更縱深的粵港澳大灣區腹地，目的是積極促進深港互補雙贏、深度合作、融合發展，共同建設一個內外循環的銜接帶，大幅度提升深港兩地在科技創新、產業合作、國際金融、綠色生態、包容宜居共同富裕等各方面的創新合作發展空間。

　　香港提出的北部都會區策略目前還是一個長遠的發展方向，短期內除了規劃連接兩地的交通基建項目外，深港兩地政府目前還沒有提出具體的合作方案，兩地通關的問題以及過去合作過程中遇到的各種障礙，依然沒有一個系統有效的解決方案。本文創新性提出以現代精準數字監管為手段，創建互補多贏嵌入式的「深港合作經

濟特區」，以解決兩地發展的深層次問題、鞏固國家雙循環銜接、吸引全球人才、企業與資本落地粵港澳大灣區。

雙循環的相互嵌入式銜接帶與緩衝區：「深港合作經濟特區」

為了破解深港合作的困局，也受到深圳經濟特區成功案例的啟發，本文提出一個制度創新頂層設計思路，以現代精準數字監管技術為手段，創建互補多贏嵌入式「深港合作經濟特區」(Special Economic Zone of Hong Kong-Shenzhen Cooperation)，來解決兩地發展深層次問題、穩固國家雙循環銜接、吸引全球人才、企業與資本落地粵港澳大灣區。

具體措施包括以下幾點：

（一）「深港合作經濟特區」香港實體片區

建議在香港北部都會區深圳河以南、目前人口稀少的待開發區域，劃出三分之一到一半的土地（約 100-150 平方公里），作為「深港合作經濟特區」香港片區，以現有深港邊境為「一線」，並建立香港片區的「二線」管理機制，與香港島、九龍及新界等人口密集城區建立物理隔離，確保「深港合作經濟特區」的試驗能夠既鞏固香港對國際完全開放基本格局，又可以幫助香港對內地更加開放。

在「一線」與「二線」之間的合作區香港實體片區將實際上從香港受殖民統治時代深港保持距離不來往的緩衝區轉變成未來深港深度合作及中國經濟內外雙循環有效銜接的緩衝區，並為解決通關（人才、資本、信息數據、企業的跨境流動與使用）提供更靈活安全但又不影響香港與內地體制而達到兩全其美的軟硬基礎設施。

管住「二線」後，就可以安全地適當放鬆「一線」，這將極大加

快香港北部都會區的建設速度，以及深港在產業合作方面的深度與廣度，大幅度充實香港離岸實體產業的發展，並對香港離岸國際金融中心提供強有力的實體經濟支持，更可以促進香港「二線」以南區域維持與國際緊密接軌。

　　設立「深港合作經濟特區」香港實體片區（設立「二線」、放鬆「一線」）對於香港經濟與產業的全面復興其效果應該會立竿見影。以會展業為例，疫情對香港的國際會展業造成嚴重的衝擊，內地的採購商／參展商因防疫管控措施無法到香港灣仔會展中心或香港機場博覽館參加展會，如果在「一線」與「二線」之間建立新的會展場地舉辦國際性展會，這樣內地和外國的採購商／參展商便可以方便地見面溝通，部分參展人士展會前可以直接利用目前河套的隔離設施進行隔離，不會影響到香港及深圳市民的正常工作與生活，這將激活香港的會展業，同時也會帶動深圳與會展相關的服務業發展。

　　再比如，現在很多深圳的高科技企業已經在香港設立研發中心，例如華為的港研所已經有 300 人，假如設立「二線」、放鬆「一線」後，華為的港研所便可以搬到「深港合作經濟特區」香港實體片區，既可以利用香港的制度與科研環境以及國際人才等條件，又方便了與內地的科學家跨「一線」往來深港兩地進行交流，可以真正充分利用兩地的優勢資源。

　　設立「深港合作經濟特區」香港實體片區可能是促進香港再工業化最關鍵，也最可操作的制度創新。因為土地與勞動力成本太高，未來香港再工業化不可能再走傳統加工製造的模式，而必須以創科、先進製造業服務（如設計與研發）、生物科技、人工智能等新興高技術產業為主導，而這些產業發展的特徵是需要國際領先的

科研、企業及人才與內地的廣闊產業資源與市場配套，而高端人員和科研資源要素在兩地之間暢通十分重要，「深港合作經濟特區」香港實體片區的創新制度設計有效解決了人員及相關的複雜要素的跨境流動問題，未來將會吸引更多的國際一流企業進駐北部都會區、深圳及粵港澳大灣區其他城市。

（二）「深港合作經濟特區」深圳虛擬片區

建議將現有的深港合作試驗區（如前海、河套）和其他有合作潛力的區域（如福田香蜜湖新金融區、南山總部基地、羅湖舊改區、光明科技城、坪山科技園區等、寶安海洋新城等），以允許香港實體片區內合格市場主體嵌入深圳虛擬腹地的形式，注入到「深港合作經濟特區」，並形成一個深圳虛擬片區，為香港實體片區內註冊的離岸企業提供在深圳的第二總部營運場所（成為香港的虛擬腹地），並按香港制度氣泡的模式，由香港行業監管部門按香港法律、監管條例、行業準則對這些離岸市場主體進行數字化精準監管，但向內地相關監管部門備案。這些香港離岸企業在深圳的第二總部的稅收與 GDP 可以考慮深港共享（如香港 50%，深圳 50%）。

這個香港制度氣泡加深圳虛擬腹地的制度創新將為香港提供有效的發展腹地，大幅度擴充香港未來產業發展的空間、人才與市場（香港作為國家外循環平台也就實現了擴容），也會大幅度提升深圳已有和在建的基礎設施與辦公樓的使用效率以及本地人才的高質量就業（深圳國際化按香港標準迅速升級），並將地方間招商引資零和競爭轉變為制度創新型系統集成與深度合作、捆綁式互補多贏發展（實際上就是破解深港合作困局），並有可能通過「香港開放制度加深圳空間與市場」吸引全球跨國企業在「深港合作經濟特區」

的香港實體片區與深圳虛擬片區同時落地，也就促進了外部流入式增量發展並持續改善深港兩地產業結構與整個粵港澳大灣區和國家的競爭力與親和力。

這些嵌入深圳的香港離岸企業第二總部只是擴展其離岸業務，包括與「一帶一路」、東盟、歐盟、RCEP、拉美、非洲等相關的業務，不會與內地在岸企業業務競爭，但可以降低離岸與在岸業務之間的溝通與交易成本，將雙循環更緊密銜接。

這些按香港制度在內地運作的離岸企業與機構（包括商業機構、學校、醫院、銀行、律師與會計事務所、香港特區政府為香港居民服務機構等）將在深圳形成一個完整的香港式開放國際化市場化外循環制度環境，與內地在岸內循環制度環境和諧並行重疊，大大便利香港的各個層次與界別的居民及外籍人士在粵港澳大灣區其他城市生活、工作、創業，包括青年、中年及老年，包括高收入、中產及低收入，也包括各個行業的人士。

「深港合作經濟特區」深圳虛擬片區的制度設計將有效解決香港離岸企業利用內地資源發展所碰到的制度性障礙。例如在工程建設領域，香港實行的是總建築師負責制，與內地有很大的差異。前海已經做了比較成功的探索，在前海轄區範圍內的港商獨資或控股開發建設項目試行了香港工程建設模式，該模式允許港商獨資或控股的開發建設項目可選聘香港工程建設領域服務業專業機構及專業人士為其提供工程建設領域服務，前海相關負責單位參照香港工程建設模式對港商獨資或控股之開發建設項目進行管理。目前南沙也在積極探索香港工程建設模式，選取了慶盛樞紐站場綜合體項目作為廣州市首個試行香港工程建設管理模式的試點項目，希望帶動香港優秀建築人才參與南沙自貿區開發建設，但這些優惠政策的探

索還不夠系統，基本以碎片式個案方式在試點，下一步需要總結經驗，更多地採取系統集成與制度創新的方式，才能改變市場預期並在實踐中順利執行。

「深港合作經濟特區」香港實體片區實質上是便利了內地企業到香港發展，而「深港合作經濟特區」深圳虛擬片區是便利了香港離岸企業按照香港的制度在內地拓展運營空間。這一「實」一「虛」的結合，將有效解決兩地企業跨境發展所遇到的問題和障礙，真正促進粵港澳大灣區各種資源要素、人才的跨境流動與優化配置，從而激活整個區域的發展潛力。

這種潛在生產力能量的釋放，可以形象地用可控核聚變來比喻。將監管的方式從對某個行政區劃或物理空間實施全面管理轉變到對某些市場主體實施數字化精準跨物理空間和跨行政區劃來管理，確保了「可控」。而將兩地比較優勢集成融合確保了「核聚變」級別的生產力釋放。數字精準監管技術包括可靠的遠程身份認定、加密跨境數據傳輸、以及跨境跨系統的監管合規執法。這些數字監管功能在日益數字化的監管合規實踐場景和突飛猛進的區塊鏈、5G、人工智能及元宇宙底層基礎設施互動下，已經變得技術上可操作、安全上可控、效益上越來越可行。但關鍵是需要一個頂層設計。

（三）「深港合作經濟特區」的頂層設計

建議中央、廣東省、深圳市、香港特區根據「一國兩制」原則、國家雙循環發展戰略，和粵港澳大灣區／先行示範區發展需要，探討依法創立「深港合作經濟特區」。首先需要在總結「橫琴」粵澳深度合作區、前海、南沙、河套等試驗區制度創新經驗的基礎上，研究並提出「深港合作經濟特區」的頂層制度設計（需要修改香港

及深圳地方法以改變土地使用、跨境監管、兩地「共商共建共享共管」原則與法律）、治理模式（需要成立兩地首腦負責的合作區管治機構）、監管與風險管理機制（需要建立兩地監管部門合作與協調機制）、運作場景（需要探索規劃特區內各個產業的運作模式）及前景與可行性研究（需要研究合作區系統性制度創新的短期與長期影響）。

「深港合作經濟特區」相比橫琴、前海、南沙、河套、北部都會區的獨特之處是充分考慮到深港兩地不同體制的基礎上，兼顧內地企業利用香港制度來發展以及香港企業利用內地腹地、資源、市場來發展，深港之間以共商、共建、共享、共管方式充分調動發揮雙方的積極性，真正發揮各自的比較優勢。

深圳與香港可以迅速組織各界力量對本建議展開更詳細深入的研究論證，提出具體方案，目標是在香港新特首上任之後，也就是香港回歸 25 週年之後，可以儘快提出以香港北部都會區和深圳的一系列試驗區為基礎，「共商共建共享共管」一個全新的「深港合作經濟特區」的可執行方案。

根據我們目前的研究，與現有各種方案對比，這裏提出的創新方案最具有可操作性，不僅可以解決香港主要的深層次矛盾，也可以真正確保深港雙贏，及粵港澳大灣區、國家、世界多贏。而有關的法律與頂層設計挑戰在「一國兩制」和「香港國家安全法」框架下應該可以解決。而這個方案可能帶來的市場預期的變化，對扭轉當前香港與內地的經濟困局和更有力應對國際地緣政治衝擊會有顯著的貢獻。

	橫琴粵澳深度合作區	前海深港現代服務業合作區	南沙粵港澳全面合作示範區	河套深港科技創新合作區	北部都會區
面積	106 平方公里	120.56 平方公里	803 平方公里	3.89 平方公里	300 平方公里
國家政策	中共中央、國務院印發《橫琴粵澳深度合作區建設總體方案》	中共中央、國務院印發《全面深化前海深港現代服務業合作區改革開放方案》	國務院印發《廣州南沙深化面向世界的粵港澳全面合作總體方案》	國家戰略片區平台總體方案制定中	香港特區政府公佈《北部都會區發展策略》
公佈日期	2021 年 9 月 5 日	2021 年 9 月 6 日	2022 年 6 月 14 日		2021 年 10 月 6 日
特殊稅收政策	在個人所得稅及企業所得稅方面享受特殊政策	在個人所得稅及企業所得稅方面享受特殊政策	在個人所得稅及企業所得稅方面享受特殊政策	暫未公佈	按香港稅收政策

深港深度合作創新的重要性

香港與深圳以及兩地合作在過去 40 多年,特別是回歸後 25 年的成就有目共睹,特別是通過「外商投資企業法」、「三來一補」、「前店後廠」等經濟特區模式,在「一國兩制」的大背景下,成功地將香港源於其國際化、市場化、開放型制度的全球供應鏈管理及國際金融中心優勢與深圳當初豐富的勞動力、土地及內地各級政府執行力優勢以互補多贏機制有機地結合,成功將中國的製造業打造成世界最大規模及最全產業覆蓋。

今後 25 到 40 年,由於地緣政治環境及中國發展階段的變化,深港迫切需要類似的互補多贏深度創新合作,將中國的科技創新、

國際金融、可持續包容發展等具有複雜系統特徵的、軟硬件必須深度結合的現代服務業推向世界一流水平。但與傳統製造業的設備、材料、勞工、廠房與製成品不同（其可以通過簡單的保稅區、出口退稅、外商直接投資等措施實現有效的生產要素跨境流動與使用），現代服務業涉及到的跨境要素流動與使用極其複雜。

例如，多元並難以度量與監管的高端人才、敏感數據、海量資金及跨國企業需要在「離岸」與「在岸」兩個完全不同的系統之間互補運作與雙向流動，而又不能改變兩個不同系統的基本制度規則。

本文提出的「特區中特區」的制度創新思路可以通過雙體系並行、相互嵌入與重疊、互補多贏合作的方式解決新形勢下香港與深圳、整個粵港澳大灣區、整個國家面臨的新挑戰。

（原載《香港國際金融評論》2022 年香港回歸 25 週年特刊）